Erwin Iserloh

LUTHER UND DIE REFORMATION

DER CHRIST IN DER WELT

EINE ENZYKLOPÄDIE

In verantwortlicher Zusammenarbeit mit deutschen und
französischen Autoren
unter beratender Mitwirkung von P. Johannes Hirschmann S. J.

XI. Reihe

DIE GESCHICHTE DER KIRCHE

Band 4

PAUL PATTLOCH VERLAG · ASCHAFFENBURG

LUTHER UND DIE REFORMATION

Beiträge zu einem ökumenischen Lutherverständnis

von

ERWIN ISERLOH

PAUL PATTLOCH VERLAG · ASCHAFFENBURG

1974
© by Paul Pattloch Verlag, Aschaffenburg 1974
Umschlagentwurf: Willy Kretzer
Gesamtherstellung: Walter Pieper, Würzburg

ISBN 3 557 94156 6

VORWORT

Trotz einer beklagten «Luthervergessenheit» häufen sich die Bücher über den Reformator und sein Werk. Wenn ich mich dennoch entschlossen habe, hier einige schon veröffentlichte Aufsätze und Beiträge aus Sammelwerken vorzulegen, dann in der Hoffnung, darin einige Akzente zu setzen, die ein einseitig konfessionell verfestigtes Lutherbild zumindest zu ergänzen vermögen. Das gilt vor allem für die Beiträge „Gratia und Donum, Rechtfertigung und Heiligung" und „Luther und die Mystik". Sie machen deutlich, weshalb in der Rechtfertigungslehre, dem „articulus stantis et cadentis ecclesiae", heute keine kirchentrennenden Unterschiede mehr angenommen werden müssen.

Möge diese Sammlung zeigen, wie eine ökumenisch ausgerichtete Kirchengeschichtsforschung nicht nur Schutt wegzuräumen vermag, sondern einen wichtigen Beitrag zur Aufarbeitung der uns aufgegebenen Fragen leistet.

Für redaktionelle Hilfen und das Lesen der Korrekturen danke ich Frl. Angelika Senge und den Herren Norbert Jäger und Erich Weichel.

Münster, 24. Juni 1974   Erwin Iserloh

ERSTES KAPITEL

DIE URSACHEN DER REFORMATION

Die Reformation im 16. Jahrhundert ist gescheitert. Denn sie wollte die Reform der einen, allen Christen gemeinsamen Kirche bringen. Statt dessen kam es zur Spaltung, d. h. aber, daß die wesensgemäß *eine* Kirche in ihrem Grundgefüge angetastet wurde. Vom heutigen Standpunkt aus ist der Katholik leicht geneigt, die volle Verantwortung dafür den Reformatoren zuzuschreiben. Doch wir müssen uns fragen: «Wie kam es dazu?» Nur so ist es möglich, zu einem gerechten Urteil zu kommen, vor allem aber den Auftrag der Reformation zu begreifen, ihr Scheitern zu verstehen und das damals Versäumte heute vielleicht einer besseren Lösung entgegenzuführen.

Wir fragen nicht nach der, sondern nach *den* Ursachen der Reformation[1]. Damit nehmen wir an, daß dieses Ereignis von so ungeheurer Tragweite nicht von einem Mann, etwa Luther, in Szene gesetzt wurde, auch nicht erst mit den 95 Ablaßthesen vom 31. Oktober 1517 begonnen hat. Längst vor dem Ausbruch der Reformation traten Ereignisse ein, wurden Tatsachen geschaffen, Maßnahmen getroffen, Ideen vorbereitet und Gefühle geweckt, welche das Kommen eines Aufstandes gegen die Kirche erleichterten, ermöglichten, herausforderten, ja unausweichlich machten. So unausweichlich, daß wir von einer inneren Notwendigkeit sprechen. Wir meinen damit aber eine historische Notwendigkeit, nicht die zwingende Naturnotwendigkeit, mit der das Wasser den Berg hinabfließt.

Historische Notwendigkeit will sagen: Ein geschichtliches Faktum läßt sich aus früheren Vorgängen mit einer gewissen Konsequenz erwarten. Was nicht bedeutet, daß es nicht auch anders hätte kommen können. Denn bei den historischen Ursachen handelt es sich weitgehend um geistige Tatbestände. Die sind aber immer vielschichtig und multivalent, können sich nach verschiedenen Richtungen auswirken. So können dieselbe Idee, dasselbe Wort und dieselbe Tat Glieder in verschiedenen Ursachenreihen sein. Wenn z. B. die «*Devotio moderna*» um der Inner-

---

[1] *J. Lortz,* Die Reformation in Deutschland I (Freiburg ⁴1962), S. 3—144; *ders.,* Die Reformation als religiöses Anliegen heute (Trier 1948); *ders.,* Von den Ursachen der christlichen Spaltung und der rechten Art davon zu sprechen (Recklinghausen 1961). Prof. Lortz, meinem verehrten Lehrer, verdanke ich mehr als hier in Anmerkungen zum Ausdruck kommen kann.

lichkeit und der Christozentrik willen Kritik am spätmittelalterlichen Wallfahrts- und Reliquienwesen übte (*Imitatio Christi* I 23, 25; III 58, 9; IV 1, 38),dann steht sie damit zugleich in der Linie zur katholischen Reform und zur Reformation des 16. Jahrhunderts.

Historische Schuld ist deshalb auch nicht schon moralische Schuld. Ja, etwas, das in bester Absicht gesagt und getan wurde und in sich auch gut war, kann sich verderblich auswirken und «schuldig» werden an einer Fehlentwicklung. Denn Ideen und Taten wirken unabhängig von der Intention derer, die sie aussprechen oder setzen.

Etwas als historisch notwendig festzustellen, bedeutet noch nicht, es zu rechtfertigen. Wenn ich ein Ereignis der Geschichte verstehe, d. h. es im Ganzen als sinnvoll erfahre, dann habe ich damit noch nichts über Wahrheit oder Irrtum, Verdienst oder Schuld ausgesagt. Ich kann z. B. den von Marx und Engels im Kommunistischen Manifest (1848) propagierten Klassenkampf des Proletariats, den Klassenkampf von unten, als Antwort auf den Klassenkampf von oben, auf das ausbeuterische System des liberalistischen Frühkapitalismus verstehen und für historisch notwendig halten. Das heißt aber nicht, den Marxismus rechtfertigen und seine Doktrin als wahr hinstellen.

In diesem Sinn fragen wir nach den Ursachen der Reformation. Angesichts der vielen vergeblichen Rufe nach Reform und der vielen verpaßten Gelegenheiten mußte es mit historischer Notwendigkeit zu einer revolutionären Auseinandersetzung kommen, ähnlich der, die in der Reformation faktisch gekommen ist.

Damit haben wir schon eine Antwort gegeben auf die Frage nach den Ursachen der Reformation. Sie ist demnach die revolutionäre Antwort auf das Versagen der Reform im 14. und 15. Jahrhundert: Ursache der Reformation ist alles, was einer Reform bedürftig war, aber auch alle Umstände und Fehlhaltungen, die einer rechtzeitigen Reform im Wege standen. Das heißt aber nicht, die Ursachen einschränken auf die sog. Mißstände und die schlechten Päpste. Denn Reform heißt nie, und damals besonders nicht, bloße Rückführung auf einen ursprünglichen Zustand und Abstellung aller eingerissenen Mißstände, sondern gleichzeitig Anpassung an neue Gegebenheiten und Sich-Öffnen für die Notwendigkeiten der Stunde.

Sicher hat das Unbehagen der Zeit an den «elenden Zuständen» (Zwingli) der Reformation einen großen Auftrieb gegeben; das werbende Pathos verlieh ihr aber der Umstand, daß sie den Menschen der Neuzeit aus den zeitbedingten mittelalterlichen Haltungen und Zuständen herauszuführen schien und ihm das zu geben versprach, was er schon lange vergebens gefordert oder unbewußt ersehnt hatte. Die «Freiheit des Christenmenschen» war nicht zufällig die große zukunftsträchtige, vielfach auch mißverstandene Parole der Reformation.

Die sogenannten Mißstände waren am Ende des 15. Jahrhunderts sicher nicht größer als in der 2. Hälfte des 14. Jahrhunderts. Die Menschen ertrugen sie aber viel weniger leicht. Sie waren wacher, bewußter, kritischer und im guten Sinne anspruchsvoller geworden, und damit empfindlicher für den Widerspruch zwischen Ideal und Wirklichkeit, Lehre und Leben, Anspruch und Leistung.

Die Tatsache, daß diesem gesteigerten religiösen Bedürfnis, dieser größeren Mündigkeit des Laien nicht genügend Rechnung getragen wurde bzw. eine für das Mittelalter typische und damals den Umständen nach berechtigte Haltung nicht frühzeitig positiv abgelöst wurde, hat somit auflösender gewirkt als alles noch so bedauerliche Versagen einzelner Personen.

Wir wollen im folgenden zunächst zeigen, wie es zur Reformation kam, weil die das Mittelalter kennzeichnenden und in seiner Situation bedingten Grundhaltungen nicht rechtzeitig und nicht in der rechten Weise abgelöst wurden, und dann die näheren Ursachen, die Mißstände im hohen und niederen Klerus und die Ausfallserscheinungen in Theologie und religiösem Leben aufzeigen.

I. DIE VERSPÄTETE ABLÖSUNG DES MITTELALTERS

Zu Beginn des Mittelalters stieß die im Raum der antiken Kultur gewachsene Kirche auf junge, geistig wie politisch wenig entwickelte und kulturarme Völker. Diese übernahmen das Christentum naiv und unkritisch. Die Kirche übermittelte ihnen nicht allein die Offenbarung Jesu Christi, sondern zugleich die Kultur der Antike: Literarische Bildung, Recht, politische Tradition und Technik.

Die kulturarmen, aber bildungsfähigen Germanen anerkannten die geistige Überlegenheit der neuen Religion und übernahmen Lehre und Gebote vorbehaltlos ohne kritische Auseinandersetzung (Objektivismus). Dies und die geringere Differenzierung nach Einzelpersönlichkeiten und Volkstum machten eine große Einheit und Einheitlichkeit des gesamten religiös-geistlichen Lebens möglich (Universalismus).

Weil die Bildungsgüter, die theologischen wie die kulturellen überhaupt, ein ausschließliches Reservat der Kleriker waren und man zu ihnen nur Zugang über den klerikalen Stand hatte (im Englischen ist *Clerk* = Schreiber), kam es zu einer Überlegenheit der Geistlichkeit, die über die eigentlich religiöse Führungsaufgabe weit hinausging (Klerikalismus). Noch am Ende des 13. Jahrhunderts konnte der Dominikaner Joh. Balbi v. Genua († 1298) in seinem weitverbreiteten ethymologischen Wörterbuch, das eines der ersten gedruckten Bücher wurde (Mainz 1460), den Laien als den Mann ohne Bildung («*Laicus id est extraneus a scientia litterarum*») definieren. Es ist klar, daß diese in der Jugend und geistigen Unreife der germanischen Völker bedingten Grundhaltungen nicht zu verewigen waren. Es mußte der Tag kommen, an dem die Völker mündig, sich ihrer individuellen Eigenart bewußt wurden und sich selbständig mit dem dargebotenen Glaubens- und Kulturgut auseinandersetzen konnten und mußten. Das forderte von der Kirche, all die Aufgaben, die sie nur subsidiär übernommen hatte, aufzugeben und ihre religiöse Mission um so deutlicher zu machen. Faktisch kam es nicht zu dieser friedlichen Ablösung. Die Welt, der einzelne, der Staat und die Gesellschaft mußten der Kirche ihre Eigenständigkeit abzwingen. Der Prozeß der Säkularisierung vollzog sich gegen die Kirche im Zeichen des Subjektivismus, Nationalismus und Laizismus. Im Zusammenhang damit ist auch die Reformation zu sehen. Sie «wurde vorbereitet und insoweit verursacht durch die Auflösung der Grundprinzipien und Grundhaltungen, die das Mittelalter tragen» (Lortz).

1. Auflösung der Einheit

Die eine Kirche in der einen Christenheit, dargestellt in der Spannungseinheit von *Sacerdotium* und *Imperium,* war Kennzeichen des Mittelalters. Das Papsttum selbst half mit, diese Einheit zu sprengen. Um der Unabhängigkeit und Selbständigkeit der Kirche willen sah es sich genötigt, die Macht des *Imperiums* zu schwächen. Eine Zeitlang schien es so, als könnte der Papst auch die politische Führung übernehmen. Doch je mehr er seine Vollgewalt auf das weltlich politische Gebiet ausweitete, um so entschiedener traf er auf den berechtigten Widerstand der sich immer stärker national differenzierenden und ihrer Eigenständigkeit bewußt werdenden Welt. Bald bekämpfte man mit den unberechtigten Ansprüchen des Papsttums dieses selbst, wurde mit der politischen Führung auch die religiöse Leitungsgewalt abgelehnt. Es ist geradezu ein Fanal, daß Bonifaz VIII., der die traditionelle Zweigewaltenlehre — weltliche und geistliche Gewalt sind eigenständig und beide unmittelbar von Gott — durch einen Monismus[2] ablöste, 1303

---

[2] Bulle «Unam sanctam» (1302): «Daß in der Gewalt dieses Hirten zwei Schwerter seien, ein geistliches und weltliches, lehrt uns das Evangelium ... Wahrlich, wer leugnet, daß auch das weltliche Schwert in der Gewalt des Papstes sei, der achtet wenig auf das Wort des Herrn ...».

in Anagni zum Gefangenen des modernen Nationalstaates (Nogaret) und laizistisch-demokratischer Kräfte (Sciarra Colonna) wurde.

Die Folge war das sog. Avignoner Exil der Päpste und ihre weitgehende Abhängigkeit von Frankreich. Das Papsttum schien nicht mehr die Interessen der Gesamtkirche im Auge zu haben, dafür aber um so mehr in einem gut durchorganisierten fiskalistischen System die Länder Europas auszubeuten. Besonders in Deutschland sollte dieser Vorwurf fortan nicht mehr verstummen. In Frankreich, Spanien und England wußte der Nationalstaat, der die Landeskirche immer mehr beherrschte und sich ihre Geldquellen nutzbar machte, den Abfluß von Geld weitgehend zu unterbinden.

Das abendländische Schisma verdunkelte die im Papst zum Ausdruck kommende Einheit der Kirche so weit, daß nicht einmal die Heiligen wußten, wer der rechtmäßige Papst war. Der Konziliarismus erschien als der einzige Ausweg aus der Not der «verfluchten Dreiheit» der Päpste. Er wurde nach dem Konstanzer Konzil nicht von innen her und nicht grundsätzlich überwunden, sondern *via facti* und weitgehend mit politischen Mitteln. Durch Konkordate, d. h. durch Bündnisse mit den Staaten, haben die Päpste sich der demokratischen Strömungen zu erwehren und der ihnen vielfach unbequemen Reform zu entziehen gesucht. Ja, als es 1437 auf dem Basler Konzil noch einmal zum Schisma kam, schien das Schicksal der Kirche ganz in die Hand der weltlichen Mächte gelegt (Haller). Der Papst mußte sich die Anerkennung von den deutschen Fürsten, dem Kaiser und dem König von Frankreich teuer erkaufen und dem Staat weitgehende Gewalt über die Kirche einräumen. Das Ergebnis ist das *Landeskirchentum*, d. h. die Abhängigkeit der Kirche von den weltlichen Mächten, sei es dem Königtum, der Fürstenmacht oder dem Stadtregiment, bzw. deren Verfügungsmacht, weitgehend in das innerkirchliche Leben einzugreifen. Ohne dieses landesherrliche Kirchenregiment ist der Sieg der Reformation schwer vorstellbar. Die Konkordatspolitik der Päpste führte weiter dazu, daß im Laufe des 15. Jahrhunderts die Päpste, anstatt angesichts der Säkularisierung ihre eigentümlich religiöse Sendung herauszustellen, immer mehr zu Fürsten unter Fürsten wurden, mit denen man paktieren, die man aber auch bekriegen konnte wie jeden anderen Fürsten. Diese Verstrickung in die Politik ließ Leo X. zum Retter der Reformation werden, indem er es über 2 Jahre lang versäumte, energisch gegen Luther vorzugehen und «die Füchse zu fangen, solange sie klein sind», wie Johannes Cochläus sich ausdrückte.

2. Die kritisch-laikale Bildung im Zeichen des auf sich gestellten Menschen

Die 2. Hälfte des 15. Jahrhunderts ist gekennzeichnet durch die Auseinandersetzung zwischen dem Humanismus und der Scholastik, der neuen Bildung und der traditionellen schulmäßigen Wissenschaft, in der alles der Theologie, der Erkenntnis Gottes und der Verteidigung des Glaubens zu dienen hatte. In der Begegnung mit der Antike und als Ergebnis der eigenen Erfahrung entdeckte man Wirklichkeiten, die nicht auf dem Boden des Christentums gewachsen waren, bzw. die aus sich heraus einsichtig waren und der Bestätigung durch Autoritäten nicht bedurften. Ja, auf Grund der historischen Kritik und der Naturbetrachtung waren Tatsachen in Frage gestellt, die man bisher für unumstößlich und für wesentlich im Gefüge des Weltbildes gehalten hatte.

Sicher wollten die Vertreter der neuen Wissenschaft auch Christen sein und die Kirche nicht sprengen. Je mehr diese sich aber mit dem Alten und Hergebrachten zu identifizieren schien, mußte das mit einem ungemeinen Pathos der Entdeckerfreude vorgetragene Neue als Kritik an der Kirche erscheinen.

Dabei stieß der Humanismus gar nicht auf eine ihrer selbst sichere Scholastik, sondern auf eine Schultheologie, die selber stöhnte «unter der Last der literarischen Tradition, die im Laufe der Jahrhunderte unübersehbare Massen von ‹Autoritäten›, Meinungen und Kontroversen aufgetürmt hatte, deren ewiges Wiederkäuen, Gegenüberstellen und Verarbeiten zu neuen und im Grund doch alten ‹Konklusionen› ein endloses Geschäft geworden» war [3].

Daß der Übergang vom Mittelalter in die Neuzeit mit und in der Kirche möglich war und das neue Bildungsbemühen sich nicht notwendig gegen diese wenden mußte, beweist die große Gestalt des Kardinals *Nikolaus v. Kues* (1401—1464). Er war geprägt von einer platonisch beeinflußten, realistischen Scholastik, hatte sich aber befreit von dem Prokrustesbett der Quaestionen, Objektionen und Responsionen der Schulphilosophie und ihrem Autoritätenkult. Er hatte klassische Schriftsteller, wie Tacitus und Plautus, für seine Zeit entdeckt und auf Grund von moderner historischer Quellenkritik den Nachweis der Unechtheit der Konstantinischen Schenkung erbracht. Die Philosophie des Seins wird bei Cusanus zu einer Philosophie des Bewußtseins, zu einer Philo-

---

[3] *G. Ritter*, Studien zur Spätscholastik II (Heidelberg 1922), S. 98.

sophie des Wissens, ja des Wissens vom Nichtwissen (*Docta ignorantia*). In dieser Rückwendung des Geistes auf sich selbst, in der Frage nach der eigenen Subjektivität und dem alles um- und übergreifenden personalen Geist erweist sich Nikolaus von Kues besonders deutlich als neuzeitlicher Denker. Dazu hat er die zukunftsträchtigen Ansätze zu mathematischem und naturwissenschaftlichem Denken in der Spätscholastik und bei den byzantinischen Mathematikern aufgegriffen und schöpferisch weiterentwickelt.

Doch dieses sein Werk blieb wie sein Bemühen um die Kirchenreform ohne tiefgreifende Wirkung in seiner Zeit.

Eine viel weniger tiefe, mehr literarische, ja publizistische Richtung des Humanismus wurde maßgebend. Auch ihre Vertreter wollten, wie gesagt, durchaus nicht kirchenfeindlich sein. Ein Angriff auf Kirche und Christentum lag ihnen an sich fern. Wohl steht dieser Humanismus der zünftigen kirchlichen Wissenschaft der Scholastik und ihren Hauptvertretern, den Bettelorden, ausgesprochen feindlich gegenüber. Mit keckem und zum Teil zügellosem Spott wird deren Pedanterie, Langweile und Schwerfälligkeit gegeißelt. Man freut sich seiner gepflegten Geistigkeit und seiner Sprachkultur, die man bei der Scholastik vermißte bzw. ihr absprach («Mittelalter»). Man ist selbst voller freudiger Zuversicht, das Neue, Zeitwendende und Rettende zu bringen. Kennzeichnend dafür ist das Pathos, mit dem Ulrich von Hutten 1518 einen Brief an Willibald Pirkheimer schloß: «O Jahrhundert! O Wissenschaften! Es ist eine Lust zu leben... Es bleiben die Studien, die Geister regen sich. Weh dir, Barbarei, nimm den Strick und mach dich auf Verbannung gefaßt.»

Der Humanismus war weitgehend abseits von den kirchlich bestimmten Lehranstalten und Universitäten und im Gegensatz zu ihnen gewachsen. So hatte er die Laienwelt erobert und als bewußte Laienbildung das Bildungsmonopol des Klerus gebrochen. Auch das war nicht ohne Ressentiments auf beiden Seiten vor sich gegangen. Weiter wurde der deutsche Humanismus, vor allem der Erfurter Kreis, zum Träger eines Nationalbewußtseins, das sich am Gegensatz zu Rom entzündete und einem antirömischen Affekt Auftrieb gab, der wiederum der Reformation wirksamen Vorschub leistete.

Von den Flugschriften aus humanistischen Kreisen, die eine antischolastische, antiklerikale, antirömische und im Endeffekt auch eine antikirchliche Atmosphäre schufen, sind vor allem die «Dunkelmännerbriefe» (1515/17) zu nennen.

Vordergründig ging es darum, dem Humanisten Johann Reuchlin in seinem Kampf für die Erhaltung des jüdischen Schrifttums gegen den Konvertiteneifer des ehemaligen Juden Johannes Pfefferkorn und seiner

Bundesgenossen in Köln beizustehen. So wird der Magister Ortwinus Gratius als Haupt der Kölner Theologenpartei kräftig lächerlich gemacht und als ebenso borniert wie dumm hingestellt; weiter wird die christliche Überzeugung des Exjuden fragwürdig gemacht und seine Frau als Geliebte der ehrenwerten Magister und geilen Mönche ausgegeben. Besonders schlecht kommen natürlich die Dominikaner als Ordensbrüder des Ketzermeisters Jakob von Hoogstraeten und als Hauptvertreter der Scholastik weg. Im Endergebnis erscheinen aber alle Mönche als dumm, eitel, heuchlerisch und geil, gefallen sich die Theologen in inhaltlosen und lächerlichen Spitzfindigkeiten und es werden in einer geistreichen, dabei derbkomischen und obszönen Sprache mit den Orden, Reliquien und Ablässen das Heilige und die Kirche überhaupt der Lächerlichkeit preisgegeben. In diesen Briefen mit ihrem zersetzenden Spott und ihrer radikalen Angriffslust steht der Humanismus in einer Gegnerschaft zur Kirche, die ihm ursprünglich nicht eigen war. Damit wurde der Reuchlinstreit zu einem «unmittelbaren Vorspiel der Reformation» (Lortz).

Doch nicht nur in dieser aggressiven Form des Humanismus tritt eine von der Kirche emanzipierte, ihrem Dogma, ihrem sakramentalen Leben und ihrem Beten gegenüber distanzierte, weitgehend profane Bildung zutage.

Nicht so deutlich, weil verhaltener und sublimer, aber deshalb um so werbender und wirksamer ist sie bei dem König des deutschen Humanismus, Desiderius *Erasmus* (1466—1536), gegeben.

Von ihm hat sein Verleger Beatus Rhenanus in Basel 1520 an Zwingli geschrieben: «Erasmus ist nicht mit gewöhnlicher Elle zu messen, da er menschliche Maße übersteigt.» Es geht hier nicht darum, ein Genie zu schulmeistern. Wir haben es in diesem Zusammenhang nicht zu tun mit dem Meister der Sprache, nicht mit dem ungemein fein und weit gebildeten Gelehrten, nicht mit dem großen Pädagogen, sondern mit dem Priester Erasmus oder besser mit dem Christen, von dem in der Stunde der Krise eine Entscheidung verlangt war. Ist alles Geschichtliche vieldeutig und jeder Mensch ein *Ineffabile,* dann gilt das von Erasmus in besonderer Weise. Bei ihm werden Vielschichtigkeit und Vieldeutigkeit zum Widerspruch. Das hat Luther gespürt, wenn er in einer Tischrede sagt: «Erasmus ist ein Aal. Niemand kann ihn ergreifen denn Christus allein. Der Mann ist doppelt *(Est vir duplex)*» (WATr 1 Nr. 131). Hier geht es darum, die Seite an Erasmus aufzuzeigen, die der Reformation vorgearbeitet hat. Daß es sie gibt, bezweifelt niemand. Selbst Alfons Auer, der den Erasmus des *«Enchiridion militis christiani»* als Lehrer der «vollkommenen Frömmigkeit des Christen» sieht, bemerkt: «Es besteht kein Zweifel darüber, daß Erasmus *faktisch* einer der bedeutendsten, wenn nicht der bedeutendste *Wegbereiter* der Reformation war.» [4] Das kann in dreifacher Hinsicht gelten:

a) In seinem *Biblizismus:* Zweifellos ist sein Bemühen um die Heilige Schrift und die Werke der Kirchenväter auch im Sinne der katholischen Kirche als positiv zu bewerten. Das hindert aber nicht, daß es sich auch gegen sie ausgewirkt hat. Erasmus isoliert die Bibel, liest sie nicht in und mit der Kirche. Er nimmt den Text für sich und sieht schon in einem durch philologische Kritik gereinigten Text die Reform gewährleistet. Er lehnt zwar das Lehramt nicht ab, aber dieses tritt wie die sichtbare Kirche überhaupt stark in den Hintergrund und verliert an Verbindlichkeit. Schließlich entscheidet doch der der biblischen Sprachen mächtige und den Text erklärende Gelehrte, was christlicher Glaube ist.

b) In seiner *Kritik an der Kirche:* Es galt damals wie heute, Kritik zu üben. Der Kampf des Erasmus für die Innerlichkeit und die bessere Gerechtigkeit des Evangeliums war berechtigt und notwendig. Dabei mußte auch vieles durch Lächerlichkeit getötet werden. Gegen Ungeist, gegen grobe Verdinglichung und Veräußerlichung des Heiligen in jeglicher Form galt es mit geistreicher Schärfe vorzugehen. Kritik darf aber nicht zu leichtfertigem Spott werden. So schwer man eine Grenze hier angeben kann, es ist keine Frage, daß Erasmus sie in seinen *«Colloquia»* und sonst weit überschritten hat. «Echte kirchliche Kritik muß aufbauen, darf nicht niederreißen. Sie mag sich sogar in selbstbewußter Entrüstung (oder überlegenem Spott) äußern, sie muß doch irgendwie aus Trauer geboren sein, aus Trauer um die fahrlässig oder mutwillig geschändete Schönheit oder vergeudete Kraft, aus Trauer darüber, daß bei dem vorliegenden Reichtum der Offenbarung statt der Fülle nur magere Speise gereicht wird. Echte kirchliche Kritik kann nicht in den Verdacht kommen, sich an dem getadelten Verfall zu freuen ... Erasmus ... spielt recht oft mit den getadelten Erscheinungen, wo er sie pikant findet, oder wo er sie allzu stark benutzt, um seine Tadelsucht etwa an den übertrieben gebrandmarkten Mönchen auszusprechen. Seine Kritik ist oft maßlos übertrieben. Gewisse Praktiken der damaligen Heiligenverehrung mit den grotesken Reliquien konnten gar nicht nachdrücklich genug als Mißstand angeprangert werden. Dies aber dann sachlich! Bei Erasmus ist die Kritik oft viel zu beißend. Insgesamt: allzuoft vermißt man auch beim Kritiker Erasmus den aufbauenden, den echt religiös fordernden Ernst.» [5] Der späte Erasmus hatte selbst den Eindruck, daß

---

[4] *A. Auer,* Die vollkommene Frömmigkeit des Christen. Nach dem Enchiridion militis christiani des Erasmus von Rotterdam (Düsseldorf 1954), S. 27.

[5] *J. Lortz,* Erasmus — kirchengeschichtlich: Aus Theologie und Philosophie. Fritz Tillmann zum 75. Geburtstag (Düsseldorf o. J.), S. 315.

er mit seinen Schriften Schaden gestiftet hat. Er schreibt am 24. 12. 1533: «Ich habe offen erklärt und tue es noch: Hätte ich das Kommende geahnt, ein solches Zeitalter, ich hätte manches von dem, was ich geschrieben habe, nicht geschrieben oder anders geschrieben, auch hätte ich gewisse Dinge, die ich getan habe, nicht getan. Ein kluger Mann, sagt man, ahnt, was kommen wird. Gewiß, aber nicht alles. Immerhin gebe ich z. T. meine Vertrauensseligkeit und Unüberlegtheit zu.»[6]

c) Der nichtengagierten spöttelnden Kritik entspricht ein gewisser *Adogmatismus*, eine Scheu, sich klar bekenntnismäßig festzulegen. Sicher, Erasmus wollte katholisch sein. Er schrieb 1522: «Mich wird weder Tod noch Leben von der Gemeinschaft der katholischen Kirche scheiden.» Aber selbst sein «Ich glaube, was die Kirche glaubt», hat noch einen Unterton intellektueller Reserve. Diese spricht ganz deutlich aus dem «*Hyperapistes*» (1526): «Von den katholischen Dingen bin ich nie abgefallen. Ich weiß, daß es in dieser Kirche, die ihr die pfäffische nennt, viele gibt, die mir mißfallen; aber solche sehe ich auch in eurer Kirche. Man trägt die Übel leichter, an die man gewohnt ist. Darum ertrage ich diese Kirche, bis ich eine bessere sehen werde, und sie ist wohl genötigt, auch mich zu ertragen, bis ich selbst besser geworden bin. Und der fährt nicht unglücklich, der zwischen zwei verschiedenen Übeln den Mittelkurs hält.»

Erasmus forderte eine einfache, praktische und bibelnahe Theologie. «Ich habe versucht, die allzusehr in sophistische Silbenstechereien abgesunkene Theologie in den Quellen und zur früheren Einfachheit zurückzurufen», schreibt er Oktober 1527 an den Franziskaner Joh. Gacy. Das war berechtigt gegenüber der Kompliziertheit der Spätscholastik und ihren vielfach lebensfremden Spekulationen. An sich könnte Einfachheit der Lehre gerade einem klaren Bekenntnis dienlich sein. Bei Erasmus soll sie aber eher der Entscheidung entheben und aus allen Kontroversen heraushalten. So schreibt er noch 1526 an Bischof Fabri von Wien: Man soll in die Schule Männer setzen, «die keine Dogmenstreitigkeiten behandeln, sondern nur das den Schülern vermitteln, was ohne Kontroverse zur Frömmigkeit und zu guten Sitten beiträgt ... die frei von dem Studium der Einzelheiten den Kindern Nützliches beibringen».

Erasmus weiß zu sehr um die Beschränktheit menschlichen Erkennens, entdeckt zu schnell im Wahren das Falsche und im Falschen das Wahre, als daß er sich festlegen und klare Behauptungen wagen möchte. Doch christliche Frömmigkeit ist nicht nur Erkenntnis der Wahrheit und ihre

---

[6] Briefe, übers. u. hrsg. von *W. Köhler*, 3. Aufl. v. *A. Flitner* (Bremen o. J.), S. 553.

tätige Anerkenntnis, sondern wesentlich auch Bekenntnis, *Confessio* vor Gott und den Menschen, damit Festlegung und Abgrenzung, die die Ablehnung des Irrtums einschließt.

Gerade die Stunde, in die Erasmus gestellt war, drängte auf Entscheidung. Die Tatsache, daß die Wahrheit nirgendwo rein dargestellt ist, entbindet nicht von der Pflicht der Parteinahme. Daß diese mit Freisinn, Toleranz und Weitherzigkeit zu verbinden ist, hat Thomas Morus, der große Freund des Erasmus, gezeigt. Nichts beweist aber das Versagen des letzteren mehr als sein Unverständnis gegenüber dem Martyrium des englischen Kanzlers, das in den Worten Ausdruck fand: «Hätte sich doch Morus nur nie mit dieser gefährlichen Angelegenheit eingelassen und die theologischen Dinge den Theologen überlassen.»

Wenn der späte Erasmus die Reformation mit steigender Entschiedenheit abgelehnt hat, dann nicht als Irrtum und Irrlehre, sondern als *«fatalis tumultus»*, weil sie zu Aufruhr, Unsittlichkeit, Intoleranz und Untergang der humanistischen Studien führte.

So hielten ihn, den Priester, das Verbot, die heilige Messe zu feiern, und das Risiko, ohne Sakramente zu sterben, nicht davon ab, Mai 1535 in das protestantische Basel zurückzukehren, als die äußere Ruhe wiederhergestellt war. Dort starb er ein Jahr später ohne priesterlichen Beistand. Er wurde feierlich als Protestant begraben. Bis zu seinem Lebensende hat er so dem Frieden, der nicht zuletzt auch seinem Wohlergehen und den *«bonae litterae»* zustatten kam, den Vorrang vor der Wahrheit gegeben. Der Einheit der Kirche, der er zu dienen meinte, hat er durch seine mangelnde Bereitschaft zur Entscheidung und zum Bekenntnis schwer geschadet. Denn nichts hat die Kirchenspaltung mehr gefördert als die Illusion, daß sie nicht vorhanden sei.

Gegen diese unsere Sicht des Erasmus als Wegbereiter der Reformation spricht nicht, daß Luther ihn schon bald als sich wesensfremd empfand und in ihm den bildungsstolzen Heiden witterte, dem die menschlichen Dinge mehr galten als die göttlichen[7]; denn das oben Gesagte gilt nur hinsichtlich des Biblizismus des Erasmus und seiner Kritik an der Kirche. Was das Materialprinzip, das *sola gratia* angeht, stand er durch seinen ethischen Optimismus bzw. Moralismus der Reformation ferner, als ihm und seinen Zeitgenossen bewußt war. Aber auch die Tatsache, daß Erasmus mit Bischöfen und Päpsten in bestem Einvernehmen lebte und von ihnen mit Ehrungen und Privilegien überhäuft wurde, besagt nichts gegen unsere These. Denn wir haben ja nicht nur zu beklagen, daß die Auseinandersetzung des mündig gewordenen

---

[7] Brief v. 1. 3. 1517 an Joh. Lang: WA Br I 90, 19.

Menschen der Neuzeit mit dem Christusglauben, seine Begegnung mit der Antike und die neue Erfahrung seiner selbst und der Welt weitgehend außerhalb der Kirche und gegen sie sich vollzogen hat, sondern noch mehr, daß die Kirche selbst in ihren Hauptvertretern verweltlicht, der Welt verfallen war, statt den Weg zu weisen und die Kräfte zur Bewältigung der neuen Situation aus dem Geiste Christi heraus bereitzustellen.

Die römische Kurie selbst war ja der Hauptsitz einer immer heidnischer sich gebenden Renaissance, huldigte einer Überschätzung klassischer Bildung und künstlerischer Form, war einem gewissen aufklärerischen Relativismus verfallen und hatte den unmittelbaren Bezug zur Mitte des Religiösen, zum Dogma und Sakrament verloren. Die daraus resultierende Sorglosigkeit und der Mangel an priesterlichem Geist und seelsorglicher Verantwortung ließen Leo X. den Angriff Luthers so verhängnisvoll als Mönchsgezänk unterschätzen und die auch in Erasmus latente Gefahr der Zersetzung nicht spüren. So mußte der Nuntius Aleander 1521 vom Reichstag in Worms aus beschwörend nach Rom schreiben: «Um Gottes willen, schickt uns nicht noch weiterhin solche Privilegien für Erasmus! Der Mann schadet uns mehr, als Luther uns je schaden kann.»

II. DIE NÄHEREN URSACHEN

Mit den letzten Feststellungen betreffs der römischen Kurie sind wir schon bei den unmittelbaren Ursachen der Reformation. Darunter fassen wir das Ausbleiben der lange fälligen Reform und all das, was dringend der Reform bedurfte, d. h. die sog. Mißstände in Klerus und Volk, die dogmatische Unklarheit und die Veräußerlichung des religiösen Lebens.

1. Die Mißstände im hohen und niederen Klerus

Wenn man von den «Mißständen» in der Kirche am Vorabend der Reformation spricht, denkt man in erster Linie an «schlechte Päpste», unter ihnen vor allem Alexander VI. (1492—1503). Sein Pontifikat bedeutet eine tiefe Schmach für den Stuhl Petri. In jugendlichem Alter war Rodrigo Borgia von seinem Onkel Calixt III. (1455—58) in das Kardinalskollegium aufgenommen und reichlich mit Pfründen ausgestattet worden. Schon 1460 sah Pius II. sich veranlaßt, den jungen Kardinal wegen seines lasterhaften Lebens zur Ordnung zu rufen. Alexander VI. unterhielt ehebrecherische Beziehungen zu der dreimal verheirateten Römerin Vanozza de Cataneis. Von ihr hatte er vier Kinder. Das waren aber nicht die einzigen. Als Papst sollte er dieses sittenlose Leben fortsetzen. Stellen wir nun fest, der Mann sei von einer geradezu dämonisch-pathologischen Sinnlichkeit befallen, damit krank gewesen, dann bleibt die für den Zustand der Kirche noch enthüllendere und beschämendere Tatsache, daß er gewählt und nicht wie gelegentlich im Frühmittelalter durch gewalttätige Einmischung weltlicher Mächte der Kirche aufgedrängt wurde. Durch Zusicherungen reicher Pfründen erkaufte er sich die Stimmen einer Anzahl von Kardinälen. Das Kardinalskollegium war also so korrupt, daß es einen offensichtlich Unwürdigen wählte, weil es sich persönliche Vorteile davon versprach.

Man kann auch nicht die staatsmännischen Fähigkeiten Alexanders VI. als Entschuldigung anführen — zweifellos war er außerordentlich begabt und zeigte ein ungewöhnliches Geschick in Dingen der Verwaltung. Ein Papst ist aber in erster Linie Stellvertreter Christi, oberster Priester und Seelsorger und nicht Herr des Kirchenstaates. Wenn das in einer Zeit nicht mehr deutlich wird, so ist darin schon ein Zeichen für einen gefährlichen religiösen Substanzverlust zu sehen. Nicht nur das persönliche Leben Alexanders VI. war ein Skandal für die Christenheit, sondern fast noch mehr die Art, wie er für seine Kinder sorgte und wie diese, besonders sein Sohn Césare, sich aufführten.

Dieser wurde wenige Wochen nach der Inthronisierung seines Vaters als Siebzehnjähriger Erzbischof von Valencia, nach einem Jahr Kardinal. Sechs Jahre später legte er das Kardinalat nieder, um eine französische Prinzessin zu heiraten und sich einen Teil des Kirchenstaates als weltliches Fürstentum anzueignen. Wieviel Giftmorde dieser Verbrecher großen Stils auf dem Gewissen hat, läßt sich nicht sicher feststellen. Zweifellos hat er den zweiten Gatten seiner Schwester Lukrezia umgebracht und dazu den reichen Kardinal Giovanni Michiel, einen Neffen Papst Pauls II., um sich dessen Besitz anzueignen. Wahrscheinlich hat er auch seinen Bruder Juan ermordet.

Schließen wir diese Aufzählung genauso unglaublicher wie beschämender Vorgänge mit dem Hinweis darauf, daß Alexander VI. es wagte, sich zweimal durch seine Tochter Lukrezia in den Regierungsgeschäften vertreten zu lassen. Der Papst starb unerwartet am 18. 8. 1503, wahrscheinlich an dem Gift, das er und sein Sohn einem Kardinal zugedacht hatten. Césare Borgia war damals krank. Diesem Zufall allein ist es vielleicht zu verdanken, daß er sich nach dem Tode des Vaters nicht des Kirchenstaates bemächtigte und ihn so zu einem erblichen Fürstentum machte.

Nach einem Pontifikat von nur 26 Tagen des unbescholtenen und reformeifrigen Pius III. wurde Kardinal Giuliano della Rovere als Julius II. (1503—1513) Papst. Er war als Kardinal ein erklärter Gegner Alexander VI. gewesen, hatte seine Wahl aber auch durch reichliche Bestechungsgelder erreicht. Sein sittliches Vorleben war keineswegs einwandfrei, seine Lebensführung als Papst dagegen korrekt.

Julius II. war eine gewaltige Persönlichkeit, körperlich und geistig trotz seiner 60 Jahre ungemein leistungsfähig, von rastlosem Schaffensdrang. Er besaß ein aufbrausendes, stürmisches Temperament und eine unbeugsame, ungestüme Willensenergie. Nicht zufällig wurde unter ihm mit der Zerstörung der alten Peterskirche und mit dem Neubau der heutigen begonnen. Mit Recht nannten seine Zeitgenossen diesen Kraftmenschen der Renaissance: *Il Terrible,* den Schrecklichen. Man kann ja nicht sagen, daß das ein gemäßer Beiname für einen Papst ist. Julius II. war vor allem König und Feldherr. Der Priester und das geistliche Oberhaupt der Christenheit traten bei ihm völlig in den Hintergrund. Dabei muß man zugeben, daß angesichts der chaotischen Zustände im Kirchenstaat das Weltlich-Politische und das Kriegerische bei seiner Regierung mit einer gewissen Notwendigkeit in den Vordergrund traten.

Dieser Kriegspapst meinte es ernst mit der Reform und Sicherung der Kirche. Er sah dabei aber das Heil allzusehr in Mitteln der Politik und Kriegsführung. Wird aber nicht darin, daß man das Ausschlaggebende für die Rettung der Kirche in irdischer Macht sieht, eine bedeutsamere und grundsätzlichere Gefahr deutlich, als es das Versagen in der privatmoralischen Sphäre ist [8]?

Nachfolger Julius' II. wurde der achtunddreißigjährige Kardinal Giovanni aus dem Hause der Mediceer als Leo X. (1513—1521): klug, feingebildet und dem Humanismus zugetan. Er ergriff Besitz von seinem Amt und der Stadt in einem großen Festzug, der in der Gestalt einer Sakramentsprozession eine große Zurschaustellung des Papstes und seines Hofes war. Auf einem großen Transparent war zu lesen: «Einst herrschte Venus (d. h. unter Alexander VI.), dann Mars (Julius II.); nun führt das Zepter Pallas Athene.» Die Humanisten und Künstler begrüßten damit in dem neuen Papst ihren Gönner und Mäzen, kündigten aber auch die frivole Weltlichkeit und leichtfertige Sorglosigkeit an, die den Pontifikat Leos X. kennzeichnen, den Pontifikat, in dem Luther den Auftakt zur Reformation geben sollte.

Dabei sind diesem Papst keine sexuellen Exzesse vorzuwerfen! Aber ist danach allein die religiöse Kraft einer Zeit zu messen? Nein, mit

---

[8] *J. Lortz,* Reformation in Deutschland I, S. 80.

bloßer Korrektheit ist es nicht getan! Die Zersetzung des Christlichen vollzieht sich nicht nur in einem offen lasterhaften Leben, sondern auch schleichend und damit gefährlicher, in einer Verweltlichung, einer verschwommenen Unverbindlichkeit.

Nicht die massiven Schandtaten, mit denen Alexander VI. den Stuhl Petri befleckte, sind Leo X. vorzuwerfen, dafür aber eine erschreckende Sorglosigkeit, unverantwortlicher Leichtsinn und eine verschwenderische Vernügungssucht. Man vermißt das Gefühl für die Aufgaben und die Verantwortung des obersten Hirten der Christenheit und für die ihm gemäße Lebensweise.

«So sehr ist das Laster selbstverständlich geworden, daß die damit Befleckten den Gestank der Sünde nicht mehr merken.» Diese Worte stammen nicht von einem Feind der Kirche, sondern von niemand anderem als dem Nachfolger Leos X., dem Papst Hadrian VI. In seiner ersten Konsistorialrede hat er sie gesprochen. Der Substanzverlust, die mangelnde religiöse Kraft und die leichtfertige Sorglosigkeit Leos X. werden besonders deutlich in der Art, wie er der Reformation begegnete bzw. es versäumte, Luther entschieden und von der Mitte des Religiösen her entgegenzutreten. Können wir das erwarten von einem Papst, der nach dem Bericht des venezianischen Gesandten nach seiner Wahl zu seinem Bruder Giuliano Medici gesagt haben soll: «Lasset uns das Papsttum genießen, da Gott es uns verliehen hat!» Ob die Worte so gefallen sind, ist fraglich. Sie charakterisieren aber treffend die Art und Weise, wie dieser Mediceer sein hohes Amt geführt hat.

Nicht besser als mit den Päpsten stand es sonst mit dem Klerus, mit dem hohen wie dem niederen. Wir wollen auch hier nicht so sehr den Ton legen auf das Versagen im engen sittlichen Bereich, etwa auf den Konkubinat der Priester. In manchen Landstrichen war er so verbreitet, daß die Pfarrkinder in dieser Hinsicht kaum ernsthaften Anstoß an dem Leben ihrer Seelsorger genommen haben.

Wenn sie nur Seelsorger gewesen wären! Sicher findet sich auch im Spätmittelalter Heiligkeit in der Kirche, sicher viel redliche und treue Pflichterfüllung. Groß sind aber auch die Ausfallserscheinungen.

Ohne zu übertreiben, kann man sagen, daß die Kirche durchweg als Eigentum des Klerus erscheint, Eigentum, das wirtschaftlichen Nutzen und Genuß bringen sollte. Bei der Einrichtung von Stellen waren vielfach nicht die Bedürfnisse des Gottesdienstes und der Seelsorge maßgebend, sondern das Verlangen, ein gutes Werk zu tun und für sich und seine Familie Anteil an den Gnadenschätzen zu gewinnen. Deshalb stiftete man z. B. einen Altar mit der Pfründe eines Altaristen. Damit bestanden Einkünfte, die einen Nutznießer suchten. Bei der großen Zahl der Stellen konnte man in der Wahl der Kandidaten nicht sehr wählerisch sein. Bischöfe und Pfarrer sahen sich nicht in erster Linie als Inhaber eines Amtes, für dessen Ausübung ihnen der notwendige Lebensunterhalt bereitgestellt wurde. Sie fühlten sich als Besitzer einer Pfründe im Sinne des germanischen Feudalrechtes. Diese Pfründe war ein nutzbares Recht, mit dem gewisse Dienstverpflichtungen verbunden waren. Diese konnte man aber auch einem schlechtbezahlten Vertreter überlassen, einem Vikar, einem Mietling, dem die Schafe nicht gehörten, wie man das Herrenwort abwandelte (Jo 10, 12).

So war es zum Schaden für die Seelsorge möglich, mehrere Bistümer oder andere Seelsorgestellen in einer Hand zu vereinigen. Noch im Jahre 1556 besaß der Kardinal Alessandro Farnese, ein Enkel Pauls III., 10 Bistümer, 26 Klöster und 133 andere Benefizien, d. h. Kanonikate, Pfarreien und Kaplaneien. Man schätzt für die Niederlande die Zahl der «Vicekuraten», die für einen als Kanoniker, Kurialbeamten, Universitätsprofessor oder Klosterinsassen nicht residierenden Pfründeninhaber den Dienst versahen, auf 30—50 % (R. R. Post). Besonders verheerend wirkte es sich aus, daß in Deutschland die Bischofssitze und die meisten Abteien nur Mitgliedern des Adels offenstanden. Sie wurden so zu Versorgungsinstitutionen für nachgeborene Kinder der adeligen Familen, die aber vielfach nicht daran dachten, ein geistliches Leben zu führen oder gar Seelsorge zu treiben. Ihnen ging es um ein sorgenfreies, möglichst genußreiches Leben.

Je geringer aber der religiöse Geist und der Seelsorgeeifer an der päpstlichen Kurie und im übrigen Klerus waren, um so unangenehmer wirkte die Jagd nach dem Gelde, erregte der Geist des Fiskalismus Ärgernis. Mit einem ausgeklügelten System von Gebühren, Steuern, mehr oder weniger freiwilligen Spenden und schließlich sogar Ablaßgeldern suchte man an der Kurie die Kassen zu füllen. Wegen der aufwendigen, verweltlichten Hofhaltung, wegen der ausgedehnten Bautätigkeit und wegen der hohen Kriegskosten war man dauernd in Geldnot. Es ist sicher kein Zufall, daß mit diesem Fiskalismus der Skandal zusammenhängt, der den unmittelbaren Anlaß zum Ausbruch der Reformation bot: Der fünfundzwanzigjährige Albrecht von Brandenburg wurde Erzbischof von Mainz, weil er dem Kapitel in Aussicht stellte, die hohen Gebühren von 14 000 Dukaten an die Kurie (Servitien und Palliengelder) aus eigener Tasche zu zahlen. Weil er seine bisherigen Bistümer Magdeburg und Halberstadt dazu behalten wollte, mußte Dispens für Pfründenhäufung mit weiteren 10 000 Dukaten erkauft werden. Die dafür bei den Fuggern aufgenommenen Schulden von 29 000 Goldgulden sollten aufgebracht werden durch die Predigt des Jubiläumsablasses, dessen Ertrag zur

Hälfte dem Erzbischof zufallen sollte. Das führte zu Tetzels marktschreierischer Ablaßpredigt und als Antwort darauf zu Luthers 95 Thesen vom 31. Oktober 1517.

Die eben geschilderten Mißstände hatten eine weitgehende Unzufriedenheit mit der Kirche zur Folge, die mehr und mehr sich steigerte zu einem Ressentiment gegen Rom, ja zu einem Romhaß. Schon ein Jahrhundert lang rief man nach der Reform der Kirche an Haupt und Gliedern und wurde immer wieder enttäuscht. Schon 1456 wurden zum ersten Mal die «Gravamina der deutschen Nation» vom Mainzer Erzbischof Dietrich v. Erbach vorgetragen. Diese Zusammenstellung deutscher Beschwerden gegen das Papsttum wurde seitdem immer erneut vorgebracht. Je erfolgloser sie waren, um so mehr steigerten sie den antirömischen Affekt in Deutschland.

In seiner Schrift «An den christlichen Adel deutscher Nation» machte sich Luther diese Klagen zu eigen und wurde gerade dadurch zum Helden des Volkes. Auch Zwingli wußte die Unzufriedenheit auszunutzen. Er gab seinen Schülern die Anweisung, nicht zunächst von der Lehre zu predigen, sondern von den elenden Zuständen und der Notwendigkeit, die Gerechtigkeit wiederherzustellen.

Der Ruf nach Reform und die damit verbundene Opposition gegen die Kirche ließen so manchen den Reformatoren zujubeln, der zu ihrer Lehre gar kein Verhältnis hatte, nur weil sie die langersehnte Reform zu bringen schienen. Es war eine große Bereitschaft für etwas heilverkündendes Neues vorhanden. Der Boden war gelockert und fruchtbar für Parolen, die das Notwendende versprachen. Es war der Sprengstoff angesammelt, der auf das zündende Wort wartete.

2. Die Ausfallserscheinungen in Theologie und religiösem Leben

So traurig die von uns mehr angedeuteten als erschöpfend geschilderten Mißstände auch waren und so sehr sie zum Entstehen und zum Erfolg der Reformation beigetragen haben, die größte Bedeutung kommt ihnen in diesem Zusammenhang nicht zu. Entscheidender als das persönliche Versagen von Päpsten, Priestern und Laien ist es, ob die von Christus geschenkte Wahrheit und gestiftete Ordnung angetastet waren, ob die moralische Zersetzung Ausdruck eines Ausfalls an religiöser Substanz war.

Wir dürfen die Frage nach den Mißständen also nicht zu eng fassen, dürfen nicht nur an die schlechten Päpste denken, nicht nur die sexuellen Vergehen oder die Trinkunsitten des Klerus im Auge haben. Wir müssen vielmehr fragen: «Mit wieviel religiöser Kraft oder Unkraft ging die Kirche in den reformatorischen Sturm hinein [9]?»

Wie weit war das nach außen hin sich so reich und vielfältig darbietende religiöse Tun Fassade oder Leben? Was war an dem bunten Bild der Volksfrömmigkeit, der Heiligenverehrung, Wallfahrten, Prozessionen, Stiftsmessen usw. wirklich echt oder wie weit machten sich hier Aberglauben, Werkfrömmigkeit und Krämergeist breit? Weiter ist zu fragen: War diese äußere Praxis gegründet auf einer gesunden theologischen Lehre, von ihr geklärt und durchleuchtet?

Als folgenschwere Ausfallserscheinung ist hier vor allem die weitgehende *dogmatische Unklarheit* zu nennen. Der Bereich von Wahrheit und Irrtum war nicht hinreichend klar abgesteckt. Man wähnte sich im Einvernehmen mit der Kirche, obwohl man längst Positionen bezogen hatte, die ihrer Lehre widersprachen. Luther meinte, noch in der Kirche zu stehen, als er den Papst einen Antichristen schimpfte; Melanchthon konnte 1530 in der «Augsburger Konfession» noch versuchen, glaubhaft zu machen, daß in der Lehre kein Widerspruch zur «römischen Kirche» bestehe und man nur betreffs einiger Mißbräuche verschiedener Meinung sei (Artikel 21). Die Unsicherheit war besonders groß hinsichtlich des Kirchenbegriffs. Durch das abendländische Schisma — der letzte Gegenpapst Felix V. dankte erst 1449 ab — war es nicht mehr allgemein klar, daß das von Jesus Christus gestiftete Papsttum wesentlich für die Kirche ist. Unfähig, festzustellen, wer der rechtmäßige Papst war, hatte man vielfach aufgehört, diese Frage zu stellen und sich daran gewöhnt, ohne Papst auszukommen. Auf der Leipziger Disputation 1519 hielt der streng altkirchliche Herzog Georg von Sachsen die Frage, ob das Papsttum menschlichen oder göttlichen Rechts sei, für unerheblich. Es gab der Reformation einen großen Auftrieb, daß viele meinten, Luther bringe lediglich die lange fällige Reform, und überhaupt nicht oder erst spät merkten, daß er wesentliche Lehren der Kirche in Frage stellte.

Luther wurde ja letzthin zum Reformator, weil er sein in schweren und notvollen religiösen Kämpfen gewonnenes Verständnis der Offenbarung nicht mit der Theologie und Praxis seiner Zeit zu vereinbaren wußte. Das lag aber vor allem auch daran, daß diese Theologie eine einseitige Schulrichtung war und die Tiefe und Fülle eines Augustinus oder Thomas von Aquin, vor allem aber der Heiligen Schrift, vermissen ließ. Es handelte sich dabei um den Nominalismus, der auf Wilhelm von Ockham zurückging und Luther in verflachter und moralistisch zurechtgebogener Form von Gabriel Biel vermittelt worden war. Be-

---

[9] J. *Lortz*, Reformation als religiöses Anliegen, S. 82

deutet nun Nominalismus in der Philosophie Trennung von Sein und Denken, dann in der Theologie Loslösung von der primären Quelle der Offenbarung. Das Theologisieren sieht weitgehend vom faktischen, in der Heiligen Schrift vorgegebenen Heilsweg ab, ergründet allerlei Möglichkeiten auf Grund der absoluten Allmacht Gottes, prüft die Ergebnisse des Denkens nicht immer wieder an der Heiligen Schrift nach und verliert sich in Spitzfindigkeiten und Konstruktonen. Luther hat von sich gesagt, in dieser Theologie habe er Christus verloren, bis er ihn in Paulus wiedergefunden hätte (WA II 414). Im Niederringen dieser nicht bibelnahen und semipelagianischen, damit wesentlich unkatholischen Theologie ist Luther zum Reformator geworden. Das hindert aber nicht, daß er in mancher Hinsicht diesem Nominalismus verhaftet blieb, seinem Voluntarismus z. B. und seinem mangelnden Sinn für das Sakrament.

Auch Luthers Gottesbild und seine Auffassung von der Gnade sind von dorther geprägt. Der Nominalismus sieht Gott einseitig bestimmt von seinem souveränen, durch nichts, auch nicht durch sein Sein und Werk gebundenen Willen, sozusagen als Willkürgott. Er kann Begnadigte verwerfen und Menschen in der Sünde zum ewigen Leben akzeptieren. Gnade ist für diese Theologie nicht eine Kraft, die sich dem Menschen mitteilt und ihn verwandelt, sondern lediglich die Huld Gottes, in der dieser den Menschen annimmt oder verwirft.

Besonders deutlich wird der Zusammenhang der Reformation, ihres Entstehens in Luthers persönlichem Ringen und ihre Resonanz damals, mit Ausfallserscheinungen in der Theologie und Praxis des Spätmittelalters beim Meßopfer: Spätestens seit 1520 hat Luther die Messe als schlimmsten Götzendienst abgelehnt. Er hielt ein Opfer der Kirche für unvereinbar mit dem einmaligen Opfer Christi am Kreuze und sah darin eine Beeinträchtigung der Erlösungstat Christi. Er meinte, aus einem Vermächtnis, einer Gabe Christi an uns, hätte die Kirche ein Opfer, d. h. eine Gabe des Menschen, an Gott gemacht.

Wie war ein solches Mißverständnis möglich und wie konnte durch den Angriff Luthers eine Einrichtung wie die Messe, die im spätmittelalterlichen Frömmigkeitsleben einen so breiten Raum einnahm, in großen Teilen Deutschlands so schnell abgeschafft werden? Muß man da nicht annehmen, daß hier etwas äußerlich vollzogen wurde, was nicht wirklicher Besitz war und nicht von innen her erfüllt wurde? Wir können hier die Meßpraxis des Spätmittelalters, die weitgehende Multiplizierung und Privatisierung der Messe und ihren magischen Mißbrauch nicht eingehend behandeln, uns mag das Urteil J. A. Jungmanns genügen. Nach ihm hatten sich damals soviel Nebel und Schatten um die Messe, den Mittelpunkt christlicher Frömmigkeit, gelegt, «daß die Stiftung Jesu ...

zum Gespött werden und als greulicher Götzendienst dem leidenschaftlichen Verwerfungsurteil ganzer Völker verfallen konnte» [10].

Die verkehrte Praxis war aber begründet in einer abwegigen Theologie oder besser darin, daß sie nicht beruhte auf einer soliden Theologie und von ihr nicht durchleuchtet war. Denn im 14. und 15. Jahrhundert hat die Schultheologie die Messe überhaupt nicht behandelt, von der übrigen Eucharistielehre nur die Transsubstantiation besprochen und sich dabei auch zumeist auf die recht breite Erörterung einiger mehr naturphilosophischer Probleme, wie das Verhältnis von ausgedehnter Substanz und dem Akzidenz der Quantität, beschränkt. So waren Luther nicht die Mittel an die Hand gegeben, die für ihn drängend gewordenen Probleme bezüglich der Messe als Opfer zu meistern; aber auch die katholischen Theologen, die sich der Verteidigung der Messe gegen Luthers Angriff annahmen, waren dieser Aufgabe auf Anhieb nicht gewachsen. Die Wahrheit ist ja nicht nur durch den Irrtum bedroht, sondern auch durch innere Auszehrung, durch Mangel an Kraft und Lebendigkeit, die sehr gut mit Korrektheit und Legalität verbunden sein können. Wir sehen, wenn wir die Frage nach dem Ursprung der Reformation stellen, dürfen wir nicht bei den sog. Mißständen, d. h. nach dem landläufigen Verständnis bei den schlechten Päpsten und unwürdigen Priestern, stehenbleiben. Die religiöse Substanz, die theologische Kraft und Lebendigkeit sind viel entscheidender. Moralisches Versagen ist mehr Symptom als Ursprung. Hier liegt auch der Grund, weshalb das 5. Laterankonzil (1512—1517), der letzte «in das Gewand eines Konzils gekleidete päpstliche Reformversuch» vor Ausbruch der Reformation (Jedin), von nur ganz geringer Wirkung gewesen ist. Es fehlte der neue Geist. Was kann dann die eine oder andere wohlgemeinte Maßnahme nützen? Nichts beleuchtet die Situation besser als die Tatsache, daß mit der auf der 9. Sitzung des Laterankonzils verlesenen Bulle des Papstes über die Reform der Kirche dem Erzbischof Albrecht von Magdeburg und Mainz 1514 das Angebot der Kurie zugeschickt wurde, das den unmittelbaren Anlaß zur Reformation gab, nämlich gegen eine Gebühr von 10 000 Dukaten die Kumulierung seiner Bistümer zu gestatten und ihm zur Finanzierung die Hälfte der Ablaßgelder für St. Peter zu überlassen. «In so scharfem Widerstreit standen Theorie und Praxis.» [11] Mangel an Ernst und Entschiedenheit bei den leitenden Männern, angefangen beim Papst selbst, verurteilte das Konzil zur Wirkungslosigkeit.

---

[10] Missarum Sollemnia I (^{5}1962), S. 174
[11] *A. Schulte,* Die Fugger in Rom I (Leipzig 1904), S. 115

Damit war ein Sturm, wie Luther ihn entfesseln sollte, den mitverschuldet wir als katholische Schuld beklagen, kaum noch zu vermeiden. Daß aber diejenigen, die durch ihre Schwäche und Korruptheit den Angriff herausforderten, nicht die Kraft hatten, ihn abzuwehren, liegt in der Natur der Sache. Wenn — allerdings leider erst Jahrzehnte später — die von innen her so korrupte und von außen her so schwer angeschlagene Kirche des 16. Jahrhunderts sich doch aus eigener Kraft und von der eigenen Mitte her erneuert hat, so ist das ein Phänomen, dem man wohl nur durch Wertungen wie «Das Wunder von Trient» gerecht werden kann.

ZWEITES KAPITEL

LUTHERS STELLUNG IN DER THEOLOGISCHEN TRADITION

Die neuere Luther-Forschung steht im Zeichen des «jungen Luther». Die Frage nach dem reformatorischen Umbruch bei Luther, dessen Zeitpunkt und Inhalt, ist immer noch nicht zur Ruhe gekommen [1]. Sie beinhaltet zugleich die Frage nach dem katholischen Luther. Dabei kann, wenn die These von Joseph Lortz stimmt, daß Luther in seinem Ringen von 1507—1520 einen Katholizismus überwunden habe, «der nicht vollkatholisch war» [2], Luther in seinem reformatorischen Erlebnis etwas entdeckt haben, was gute katholische Lehre im Sinne des heiligen Bernhard von Clairvaux und des Thomas von Aquin gewesen ist, etwa die iustitia dei passiva. Jedenfalls können wir Luther nicht recht verstehen und seine Eigenart nicht ermessen, wenn wir ihn nicht vor dem Hintergrund der Theologie seiner Zeit sehen. Die Ausgabe der *Dictata super Psalterium,* der ersten Psalmenvorlesung von 1513/15 im 3. und 4. Band der Weimarer Ausgabe ist nicht zuletzt deshalb ungenügend, weil sie die Quellen Luthers nicht sichtbar macht. Der wissenschaftliche Apparat der Neuausgabe macht die weitgehende Abhängigkeit Luthers von Augustinus, aber nicht allein von ihm, deutlich.

Unser Thema ist ungemein vielschichtig, wir müssen versuchen, die vielfach sich widersprechenden Tendenzen deutlich zu machen. Wenn Luther sich zum Beispiel schärfstens gegen die scholastische Theologie seiner Zeit, das heißt gegen den Nominalismus wendet, so schließt das nicht aus, daß er sehr stark von dieser Theologie geprägt ist. Wollen wir zeigen, wie weitgehend er Augustinus rezipiert, dann müssen wir zugleich darauf achten, ob er ihn nicht umdeutet, ob das material Identische nicht formal etwas ganz anderes bedeutet.

Im Folgenden fassen wir erst die Verwurzelung Luthers im Nominalismus seiner Zeit ins Auge, behandeln dann seinen scharfen Kampf gegen diese Art von Theologie, die er als Scholastik bezeichnet.

Im 3. Teil zeigen wir, wie Luther durch die Rezeption Augustinus' den Nominalismus zu überwinden sucht und von diesem Kirchenvater entscheidende Anregungen für seine hermeneutische Methode erhält.

---

[1] Vgl. neuestens *K. Aland,* Der Weg zur Reformation. Zeitpunkt und Charakter des reformatorischen Erlebnisses Martin Luthers (München 1965).
[2] *J. Lortz,* Die Reformation als religiöses Anliegen heute (Trier 1948) 161

I.

Luther war Nominalist. Er hat sich selbst in den Kampfjahren und später als solchen bezeichnet, gewisse Strukturen und Inhalte sind von daher geprägt. Wir können den jungen Luther etwa in seinen Randbemerkungen zu Petrus Lombardus und Augustinus als Ockhamisten bei der Arbeit beobachten.

a) Luther bezeichnet sich selbst häufig als Ockhamist. Auch dann, wenn er gegen diese seine Schule Stellung nimmt, gibt er gleichzeitig zu, wie entscheidend er von ihr geprägt ist.

Zum Beispiel sagt er 1520 in der Antwort auf die Verurteilung durch die Universitäten Löwen und Köln, daß er in Widerspruch zu einer Sekte, nämlich der ockhamistischen oder der der Moderne stehe. Gleichzeitig gibt er zu, daß er sie zutiefst in sich hineingesaugt habe «quam penitus imbibitam teneo»[3]. In der Schrift gegen die Bulle *Exsurge Domine* Leo's X. von Ende Oktober 1520 wendet sich Luther gegen die Verwendung des Wortes «respective». Er möchte nicht nur respective, das heißt unter einem bestimmten Gesichtspunkt, sondern schlechthin (absolute) und sicher unterrichtet werden. «Denn», so fährt er fort, «ich bin von der Partei der Ockhamisten, die den respectus verachten und alles als für sich bestehend annehmen»[4].

Karl Holl, der Luthers Ockhamismus nicht zugeben will, sieht in diesem Ausspruch und ähnlichen anderen bloßen Spott und Witz, aber, wie Otto Scheel und Leif Grane[5] gezeigt haben, zu Unrecht. Der Witz bezieht sich an dieser Stelle auf die päpstliche Bulle und nicht auf Luthers Ockhamismus.

Häufig bezeichnet Luther in den Rückblicken und Tischreden der späten Jahre Ockham als seinen Meister. Bei scharfer Kritik anerkennt er doch sein Schülerverhältnis zu ihm und hebt dessen Genialität hervor.

«Selbst Ockham, der an Geist und Scharfsinn alle überragt und alle Schulen widerlegt hat, hat ausdrücklich gesagt und geschrieben» (nämlich, daß man sich aus natürlicher Kraft auf die Gnade vorbereiten kann)[6].

---

[3] WA 6, 195; *O. Scheel,* Dokumente zu Luthers Entwicklung (Tübingen ²1929) Nr. 33
[4] «Nolo tantum respective, sed absolute et certe doceri. Sum enim Occanicae factionis, qui respectus contemnunt ...» (WA 6, 600, 10 f.; O. Scheel Nr. 37).
[5] *O. Scheel,* Martin Luther. Vom Katholizismus zur Reformation II (Tübingen ²⁺³ 1930) 427 Anm. 2; *L. Grane,* Contra Gabrielem (Aarhus 1962) 14.
[6] WA Tr IV 679 Nr. 5135; *O. Scheel* Nr. 448.

«Ockham, mein lieber Meister, war der größte Dialektiker» [7]. «Mein Meister Ockham, der von uns als der vorzüglichste von allen Lehrern geachtet wurde, leugnet, es stehe in der Heiligen Schrift, daß zur Erfüllung eines guten Werkes der Heilige Geist nötig sei.» [8]

«Und mein Meister Ockham schreibt, es sei nirgends in der Heiligen Schrift ein Beleg zu finden, daß eine besondere Gnade oder Gabe zur Erfüllung der Gebote Gottes nötig sei.» [9]

«Terministen hieß man eine Sekte auf der Hohen Schule, zu der ich auch gehört habe...» [10] Dieses Bekenntnis Luthers zu seiner Herkunft aus der ockhamistischen Schule stimmt mit dem überein, was wir von der Universität Erfurt und dem dortigen Augustinerkloster wissen. Die Professoren, die Luther während seines Artistenstudiums gehört hat, Jodokus Trutfetter von Eisenach und Bartholomäus Arnoldi von Usingen, gehörten der via moderna an.

Und vielleicht hat Luther unter den vielen Klöstern in Erfurt das der Augustinereremiten gewählt, weil er hier die Aussicht hatte, seine Studien fortsetzen zu können, ohne die Schulrichtung wechseln zu müssen [11].

Entsprechend seiner Ausbildung erweist sich Luther in seinen ersten von ihm überlieferten wissenschaftlichen Äußerungen, den Randbemerkungen zu den Sentenzen des Petrus Lombardus und zu Schriften des heiligen Augustinus, als Ockhamist, sowohl was seine Auffassung von den Allgemeinbegriffen wie seine Gottesvorstellung angeht. Er deutet den Kirchenvater ockhamistisch um, fühlt sich aber gleichzeitig von ihm bestärkt in seiner Kritik an der Philosophie und den Philosophen. Diese sind in ihren bloßen Wortgefechten Relikte der Stoa (WA 9,24) und wollen das Mißverhältnis des Aristoteles zur katholischen Wahrheit nicht wahrhaben. Diese Kritik an der Philosophie widerspricht nicht der ockhamistischen Schule. Der Nominalismus war ja geneigt, Philosophie und Theologie in Spannung zu sehen. Das führte gelegentlich zur Theorie von der doppelten Wahrheit. Gerade in Erfurt (Jodokus Trutfetter und Bartholomäus Arnoldi von Usingen) trennte man scharf zwischen Philosophie und Theologie. Luther selbst wird am meisten

---

[7] WA Tr II 516 Nr. 2544a; O. Scheel Nr. 223; vgl. WA Tr I 137 Nr. 338; O. Scheel Nr. 239.
[8] WA 39 I 420
[9] WA 38, 160; O. Scheel Nr. 285
[10] WA Tr V 653 Nr. 6419
[11] L. Meier, Research that has been made and is yet to be made on the Ockhamism of Martin Luther at Erfurt: Arch. Franciscanum Hist. 43 (1950); L. Grane, Contra Gabrielem S. 17 f.

ausfällig gegen die Philosophen an der Stelle, wo er eine Lieblingsthese der Nominalisten, nämlich daß Gott den Menschen auch ohne die habituelle Gnade beseligen könnte, gegen die Hochscholastik verteidigt. Diese ist nach ihm in Hirngespinsten verfangen und bestimmt von der Habituslehre des «ranzigen Philosophen» Aristoteles (WA 9,43).

b) Es erhebt sich nun die Frage, in welchen wichtigen Anschauungen Luthers denn sein Ockhamismus wirksam geworden ist.

1. In der starken Betonung der absoluten Souveränität Gottes und der von da aus bestimmten Lehre von der Akzeptation des Menschen aus freier göttlicher Wahl, die keinen Grund im Menschen hat.

Nach Ockham und nach anderen Theologen seiner Zeit, die dabei Gedanken von Scotus übernehmen und überspitzen, ist der Wille Gottes weder von außen noch von innen her irgendwie gebunden. Gott handelt, wann und wie er will [12]. Er ist nur durch das Widerspruchsprinzip gehalten. Die Moralgesetze sind nicht im Sein, sondern nur im Willen Gottes gegründet. Wenn er es so wollte, könnte auch Mord oder Ehebruch, ja selbst der Gotteshaß geboten und damit sittlich gut sein. Unzucht und Gottesliebe zum Beispiel widersprechen sich nicht in sich, sondern nur «per causam extrinsecam, puta per deum ordinantem», nur aus dem äußeren Grund, daß Gott es so angeordnet hat.

Die Moralität beruht also nicht in Wert und Unwert der Tat, sondern ist nur eine äußere Bestimmung. Gott kann deshalb die Moralität von der Tat trennen, kann also die difformitas von dem Akt des Gotteshasses und die bonitas beziehungsweise Verdienstlichkeit von der Gottesliebe lösen. In dem Fall wäre der Gotteshaß nicht mehr sündhaft und die Gottesliebe nicht mehr gut beziehungsweise verdienstlich. Pierre d'Ailly sagt: «Weder der Haß Gottes noch irgendein schuldbarer Akt ist aus der Natur der Sache oder aus seiner Natur heraus Gott hassenswert. Der Grund dafür ist, daß kein solcher Akt verworfen (deacceptatur), für das ewige Leben oder für die ewige Strafe angerechnet (imputatur) wird, es sei denn aus reinem göttlichen Willensentschluß.» [13]

Ist aber das Handeln Gottes nicht einmal vom eigenen Wesen her festgelegt, sind die Gebote seiner Willkür entsprungen und kann er sie ändern und aufheben, wie er will, so ist es Ockham erst recht zuwider anzunehmen, daß vom Verhalten des Menschen her Gott irgendwie gebunden wäre. Er kann an sich nicht gehalten sein, einen Sünder zu

---

[12] *E. Iserloh*, Gnade und Eucharistie in der philosophischen Theologie des W. v. Ockham (Wiesbaden 1956) 67; vgl. *W. Dettloff*, Die Entwicklung der Akzeptations- und Verdienstlehre von Duns Scotus bis Luther, (Münster 1963).
[13] I Sent. q. 9 a. 2 obj. 1

verdammen und einen guten Menschen zu beseligen. Er kann hier willkürlich verfahren. Selbst wenn er jemandem die heiligmachende Gnade geschenkt hat, ist er dadurch noch nicht gezwungen, ihm auch die ewige Seligkeit zu schenken. Schon Duns Scotus hatte den Satz «nihil creatum formaliter est a deo acceptandum» — nichts Geschaffenes, das heißt nichts Außergöttliches, kann Gott nötigen, dafür den Lohn des ewigen Lebens zu geben, dahin verstanden, daß für Gott keine absolute Notwendigkeit besteht, einem Menschen, der die Gnade besitzt, das ewige Leben zu schenken [14].

Faktisch — das heißt de potentia dei ordinata — hat Gott sich freilich dazu verpflichtet. An sich (de potentia absoluta) brauchte er es aber nicht und könnte er umgekehrt einen rein natürlich guten Menschen zum ewigen Leben annehmen.

Diese recht fragwürdigen Thesen des Duns Scotus werden von den Theologen des 14. Jahrhunderts, unter anderem von Wilhelm von Ockham und seinen Schülern, auf die Spitze getrieben. Ockham verwendet zum Beispiel mit Vorliebe folgendes Beispiel dafür, daß etwas lediglich auf Grund des zeitlichen Ablaufs ins Gegenteil übergehen kann: Er sagt: Gott kann bestimmen, daß alle, die heute an einem bestimmten Ort sind, verdammt werden, und daß alle, die morgen dort sind, gerettet werden. Bleibt nun jemand zwei Tage dort, so ist er, der gestern verworfen war, heute in Gnaden aufgenommen, ohne daß er oder etwas an ihm sich geändert haben [15].

Typisch für Ockham und viele Theologen des 14. und 15. Jahrhunderts ist es, daß sie weitgehend vom faktischen Heilsweg Gottes, also von dem, was Gott de potentia ordinata getan hat und will, absehen und darüber spekulieren, was Gott an sich kann und hätte tun können. Wir können die Ergebnisse dieser Spekulation in folgende Thesen fassen:

1. Gott konnte den Menschen zur Seligkeit annehmen auf Grund von natürlichen Handlungen, das heißt ohne ihm Gnade, aktuelle oder habituelle, zu schenken.
2. Wenn er ihm schon die ungeschaffene Gnade, das heißt die Einwohnung des Heiligen Geistes, schenken wollte, dann bedurfte es dazu nicht der geschaffenen Gnade oder sonst einer übernatürlichen Gabe.

---

[14] *W. Dettloff*, Das Gottesbild und die Rechtfertigung in der Schultheologie zwischen Duns Scotus und Luther: Wissenschaft und Weisheit 27 (1964) 197—210, 197 f.
[15] IV Sent. q. 4 L ad 2; Biel: I Sent. d. 17 q 1, F—G; *E. Iserloh*, Gnade und Eucharistie 71; 95

3. Faktisch kann niemand verdienstlich handeln und niemand gerettet werden ohne die gratia creata.
4. Der Besitz der habituellen Gnade bedeutet nicht, daß Gott den mit ihr ausgestatteten Menschen zum ewigen Leben führen muß.

Wenn die nominalistischen Theologen es für angemessen halten, daß Gott den Menschen ohne die habituelle, die heiligmachende Gnade zum Heil führt, dann möchten sie damit dem Menschen jeden Anspruch auf den Himmel nehmen und alles der absolut freien Verfügung Gottes überlassen. Gnade ist bei ihnen nicht mehr eine Kraft, die sich dem Menschen mitteilt, kein neues Sein, das zu einem neuen Handeln befähigt, sondern die Huld Gottes, in der er den Menschen akzeptiert oder nicht, wie es ihm gefällt. Wenn Ockham am Gnadenhabitus festhält, dann, weil die Lehre der Kirche das fordert, und nicht, weil es in der Linie seines Systems liegt. Er muß schon deshalb alles in die freie Verfügung Gottes verlegen, um sich nicht dem Vorwurf des Pelagianismus auszusetzen. Denn nach ihm kann der Mensch aus rein natürlicher Kraft, ex puris naturalibus, Gott über alles lieben. Wenn diese Liebe nun ein Grund für die Annahme des Menschen zur Seligkeit wäre, würde der Mensch aus eigener Kraft das Heil erlangen. Das wäre Pelagianismus. Den sucht Ockham nun dadurch auszuschließen, daß er dem menschlichen Sein und Tun, ob natürlich oder übernatürlich, jegliche Ursächlichkeit in bezug auf das ewige Heil nimmt. Verdienstlich wird all das erst durch die acceptatio divina, von ihr allein hängt die Belohnung mit der ewigen Seligkeit ab.

Für den Gedanken des heiligen Augustinus, daß Gott seine eigenen Geschenke krönt und zu Ende führt, was er gnadenhaft in uns begonnen hat, ist in dieser Theologie kein Platz. Denn dazu dürfte sie ja nicht nominalistisch sein, das heißt bei den Begriffen stehenbleiben, sondern müßte die bezeichnete Sache ins Auge fassen. Ist nämlich die habituelle Gnade eine Zuständlichkeit, die den Menschen für die ungeschaffene Gnade disponiert und die nur um deretwillen und mit ihr verliehen wird, ist so die Begnadung schon der Beginn der Herrlichkeit, dann kann Gott einen Begnadeten nicht verwerfen, ohne mit sich selbst in Widerspruch zu geraten.

Wenn man sich weiter klarmacht, daß nach der thomasischen Theologie die gratia creata nötig ist, das heißt der Mensch gerecht und heilig gemacht werden muß, damit das neue personale Verhältnis unverfügbarer Liebe zwischen ihm und Gott möglich ist, dann kann man auch nicht mehr sagen, der nominalistische Aktualismus sei ein besserer Schutz vor der Anmaßung menschlicher Werkgerechtigkeit.

Es ist aber wohl auch deutlich geworden, daß von der Akzeptationslehre und von der Auffassung der Gnade als bloßer Huld eine direkte Linie geht zu der von Luther bisweilen vertretenen Lehre von der forensischen und bloß imputativen Rechtfertigung.

Insofern hat Heinrich Denifle sicherlich recht, wenn er sagt: «Occams und der Occamisten Grundidee, die Akzeptation Gottes, ist auch die Grundidee in Luthers Haupt- und Fundamentalartikel (von der Rechtfertigung sola gratia) geworden.» [16]

Nur müssen wir seine These heute genauer fassen. Denn Luther hat ja seine Lehre von der imputativen Gerechtigkeit gar nicht konsequent und in all seinen Phasen gleichmäßig durchgehalten.

Wenn er sich in These 57 der «Disputation gegen die scholastische Philosophie» gegen Ockhams Lehre wendet, Gott könne den Menschen auch ohne rechtfertigende Gnade zum Heil annehmen, dann ist das keine Ablehnung der Akzeptationslehre Ockhams, sondern lediglich seiner «De potentia dei absoluta»-Spekulation, daß man überhaupt vom faktischen Heilsweg absieht (Cl V 324; WA 1,227). Daß tatsächlich Gott jedem die habituelle Gnade schenkt, den er akzeptiert, hat auch Ockham gelehrt.

Um zu zeigen, daß Luther bezüglich seines voluntaristischen Gottesbildes in der Linie des Ockhamismus steht, brauchen wir nur folgende Stelle aus *De servo arbitrio* zu zitieren, wo Luther sagt: Gottes Wille hat nicht Ursache noch Grund. Ihm kann weder die Regel noch ein Maß gesetzt werden. Er hat nichts neben noch über sich. Er ist selber die Regel für alles. Ein Wille, der Regel und Maß, Ursache und Grund hat, kann eben nicht Gottes Wille sein. Denn was Gott will, ist nicht darum recht, weil er etwas wollen muß oder gemacht hat. Im Gegenteil: Weil er es so will, deshalb muß recht sein, was geschieht.» [17]

Hier argumentiert Luther nicht anders als W. v. Ockham oder Gabriel Biel [17a], nur mit dem Unterschied, daß er weitere Spekulationen auf Grund der Unterscheidung de potentia dei absoluta und de potentia dei ordinata ablehnt. Das seien ungemäße Versuche, Gott zu entschuldigen und in Geheimnisse einzudringen, die man doch nicht ergründen könne.

---

16 Luther und Luthertum I, 2 (Mainz ²1906) 601

17 WA 18, 712, 32 ff.; *K. Holl* meint, das klinge «völlig occamistisch», die Absicht sei aber die entgegengesetzte als bei Occam (Ges. Aufsätze zur Kirchengeschichte, Br. I, Tübingen ⁶1932, 50); dagegen *L. Grane,* Contra Gabrielem 23.

17a Biel I Sent. d. 17 q. 1 L: «Non enim habet aliam regulam, cui teneatur se conformare, sed ipsa divina voluntas est regula omnium contingentium. Nec enim quia aliquid rectum est aut iustum, ideo deus vult, sed quia deus vult, ideo iustum est et rectum».

In *Vom unfreien Willen* bemerkt Luther: «So hat man sich nun geplagt und gemüht, Gott zu entschuldigen und den Menschen anzuklagen. So hat man Unterscheidungen wie die vom geordneten und vom unbedingten Willen Gottes (de voluntate dei ordinata et absoluta) und die von der uneigentlichen und der eigentlichen Notwendigkeit erfunden. Doch damit ist nichts gewonnen.» [18]

Für Luther genügt es, «zu wissen, daß es einen unerforschlichen Willen Gottes gibt. Was er will, warum und wiefern er es will, danach darf man nicht forschen ... Demgegenüber geziemt sich Furcht und Anbetung allein.» [19]

2. Ist das sola gratia im Voluntarismus und in der Lehre von der Akzeptation des Menschen durch Gott bei Ockham und den Ockhamisten vorbereitet, dann ist es mit dem «sola scriptura» nicht viel anders.

Auch hier steht der Reformator in der Linie einer großen Gruppe spätmittelalterlicher Theologen, welche die göttliche Offenbarung als «ius divinum» vollständig und ausschließlich in der Heiligen Schrift enthalten sahen. Deshalb reiche sie aus, um alle in der Kirche sich stellenden «causae ecclesiaticae» zu entscheiden, ohne daß man das kirchliche Recht heranziehen müßte. Hervorragende Vertreter dieser Richtung sind unter anderem Thomas Bradwardine († 1349), Wyclif († 1384), Hus († 1415) und Wessel Gansfort († 1489).

Heiko Augustinus Oberman möchte in seinem Buch *Der Herbst der mittelalterlichen Theologie* Ockham nicht unter diese Theologen rechnen, sondern ihn mit d'Ailly († 1420), Gerson († 1429) und Gabriel Biel († 1495) einer anderen Gruppe zuzählen, die den kirchlichen Traditionen denselben Grad von Autorität zubilligen wie der heiligen Schrift [20]. Er hat dabei aber kaum den späten Ockham im Auge. In *De imperatorum et pontificum potestate* von 1347 zum Beispiel betont der englische Franziskaner gegen die «Kirche von Avignon», die Irrtümer und offensichtliche Häresien festhalte und hartnäckig verteidige, daß er sich nur den durch evidenten Vernunftschluß oder klare Lehre der Heiligen Schrift feststehenden Wahrheiten beugen wolle. Nicht selten habe die Menge geirrt und sei die Wahrheit bei einem allein gewesen [21]. Dieses Pathos unterscheidet sich kaum von dem Luthers um 1520. Dieser beruft sich in den *Resolutiones Lutherianae super propositionibus suis*

---

[18] WA 18, 719, 12 ff.
[19] WA 18, 686, 1 ff.; 689, 18
[20] Spätscholastik und Reformation, Bd. I, Der Herbst der mittelalterlichen Theologie (Zürich 1965) 350 ff.
[21] R. Scholz, Unbekannte kirchenpolitische Streitschriften II (Rom 1914) 455

Lipsiae disputatis (1519) darauf, daß Scotus und Ockham ebenfalls als einzelne gegen alle aufgetreten seien [22]. Als nähere Quelle Luthers könnten wir noch Gregor von Rimini nennen, der die Sätze der Heiligen Schrift als genuin theologische mit Offenbarungsqualität von den kontingenten Sätzen der natürlichen Wissenschaften und der kirchlichen Glaubensdefinitionen unterscheidet. Wenn Luther also letzthin nur die Heilige Schrift als Autorität gelten läßt, dann steht er in der spätmittelalterlichen Tradition des Schriftverständnisses, wenigstens in einer Linie dieser Tradition. Das bestätigt der Reformator selbst, wenn er seinem Erfurter Lehrer Jodokus Trutfetter im Jahre 1518 zugibt, von ihm als erstem von allen gelernt zu haben, allein den kanonischen Schriften Glauben zu schenken, alle anderen dagegen kritisch zu prüfen [23].

3. Luthers Herkunft vom Nominalismus wird auch sichtbar an seinem Verständnis und seiner Wertung der Sakramente. Wenn bei ihm ein sakramentaler Minimalismus festzustellen ist, dann wird er darin von Ockham und seiner Schule sicher übertroffen, auch wenn dort noch an allen sieben Sakramenten festgehalten wird. Sakramente sind ex definitione Zeichen oder Symbole. Für dieses ist im Nominalismus kein Platz. Wir können also von einer nominalistisch geprägten Theologie kein sonderliches Verständnis für Sakramente erwarten. Das wird bei Ockham bestätigt, wenn er etwa meint, Gott hätte die Taufspendung durch Berührung mit einem Stück Holz anordnen oder mit Wasser mehrere Sakramente spenden lassen können [24].

Sieht man, wie der Nominalismus Gottes Größe in besonderer Weise darin gewährleistet, daß man causae secundae möglichst ausschaltet oder wenigstens entmachtet, dann wird man leicht auch durch Sakramente als Heilsmittel die Allwirksamkeit Gottes gefährdet sehen und die Wirkung der Sakramente nur streng occasionalistisch verstehen.

Direkt berufen auf Ockham beziehungsweise seinen Schüler Pierre d'Ailly hat Luther sich bei der Ablehnung der Transsubstantiation in *De captivitate* (WA 6,508). Abhängig von ihm ist er in der Ubiquitäts-

---

[22] «Scotus, unus homo, et omnium scholarum et doctorum opiniones impugnavit et praevaluit. Idem fecit Occam, fecerunt et multi alii, faciunt usque in praesentem diem, et cum singulis eorum liberum, omnibus contradicere, cur ego unus hac gratia privor?» [WA 2, 403].

[23] «... ex te primo omnium didici, solis canonicis libris deberi fidem, caeteris omnium iudicium» (WA Br 1, 171); *L. Grane,* Contra Gabrielem 378: «Luther hat augenscheinlich in Erfurt gelernt, die Bibel allen menschlichen Autoritäten gegenüber zu behaupten und auch, der Philosophie gegenüber eine gewisse Zurückhaltung zu beobachten.»

[24] IV Sent. q. 1 G; *E. Iserloh,* Gnade und Eucharistie 141.

lehre und in seinem mangelnden Verständnis für eine eigentümlich sakramentale Daseinsweise im Gegensatz zur empirisch-historischen.

II.

Wir haben gesagt, Luthers Verhältnis zum Nominalismus sei komplex. Auf der einen Seite hat seine Theologie — so einmalig und unableitbar von jeder Tradition und Umwelt sie auch ist — ein nominalistisches Gepräge. Auf der anderen Seite steht er in scharfer Opposition zur scholastischen Theologie, wie er sie kennengelernt hatte, der nominalistischen also. Besonders deutlich und mit Nennung der Namen seiner Lehrer hat Luther sich in der *Disputation gegen die scholastische Theologie* (1517) von seiner ehemaligen Schule abgesetzt.

Ich kann hier nur einige Punkte nennen:

1. Luther wehrt sich gegen die bibelfremde Theologie des Nominalismus, die alle möglichen Heilswege erörtert, die Gott hätte beschreiten können kraft seiner Allmacht (de potentia absoluta), und die dabei das faktisch in Christus gegebene Heil aus dem Auge verliert. In den Resolutionen zu den Thesen der Leipziger Disputation (1519) faßt Luther seine Kritik in die Worte: «Was andere in der scholastischen Theologie gelernt haben, mögen sie selbst sehen ... Ich habe Christus dort verloren, jetzt aber bei Paulus wiedergefunden» (WA 2, 414).

2. Besonders scharf hat Luther sich gegen die Lehre der Ockhamisten gewandt, daß der Mensch aus rein natürlichen Kräften Gott über alles lieben könne; daß man das Gesetz materialiter, was die Substanz des Aktes angehe, aus natürlicher Kraft erfüllen könne, nur nicht der Intention des Gesetzgebers entsprechend, weil Gott einmal festgesetzt habe, daß wir die Gnade besitzen sollen. Im Römerbriefkommentar schreibt Luther: «Daher ist es ein reiner Wahnsinn, wenn man behauptet, der Mensch könne aus eigenen Kräften Gott über alle Dinge lieben und die gebotenen Werke tun, ihrem Tatbestand nach, aber nicht nach der Meinung des Gesetzgebers, der Erfüllung in der Gnade verlange. O Toren, o Sautheologen! So war also die Gnade nur notwendig um der neuen, das Gesetz überbietenden Forderung willen. Denn wenn man das Gesetz aus unseren Kräften heraus erfüllen kann, wie sie sagen, dann ist die Gnade nicht nötig zur Erfüllung des Gesetzes selber, sondern nur zur Erfüllung einer neuen über das Gesetz hinausgehenden Forderung, die von Gott auferlegt ist. Wer soll denn solche gotteslästerlichen Anschauungen ertragen?» (WA 56, 274).

In der *Disputation gegen die scholastische Theologie* von 1517, die sich im Namen des antipelagianischen Augustinus gegen den Pelagianismus des nach Gabriel Biel interpretierten Ockham wendet, bezeichnet Luther in These 18 den Satz «Diligere deum super omnia naturaliter» als Terminus fictus, als Chimäre, als Hirngespinst dieser Theologie (WA 1, 225).

Scharf wendet sich Luther auch gegen den Satz: «Wer tut, was in seinen Kräften steht, dem verweigert Gott die Gnade nicht.» Thomas von Aquin hatte diesen Satz verworfen mit dem Hinweis, daß der Mensch aus eigenen Kräften nichts vermöge und Gottes Hilfe auch benötige, um sich ihm zuzuwenden [25]. Gabriel Biel dagegen und andere nominalistische Theologen diskutierten dieses Axiom ausführlich und verstehen es dahin, daß der Mensch sich auf die Gnade vorbereiten kann, wenn auch nicht de condigno, so doch de congruo. Das ist für Luther Pelagianismus. In der Römerbriefvorlesung sagt er dazu:

«Im wesentlichen aber ist der Kern dieses Irrtums die pelagianische Anschauung. Denn wenn es auch jetzt keine Leute gibt, die sich zum Pelagianismus bekennen und danach benennen, so sind doch die meisten in Wirklichkeit und ihrer Anschauung nach Pelagianer, auch ohne daß sie's wissen, wie zum Beispiel die, die glauben, wenn man nicht dem freien Willen das Vermögen zuerkenne, «das zu tun, was an einem ist», schon vor der Gnade, dann würde man von Gott zur Sünde gezwungen und müsse notwendigerweise sündigen. Obwohl es der Gipfel der Gottlosigkeit ist, so zu denken, so glauben sie doch ganz sicher und dreist, sie würden, wenn sie nur eine «gute Meinung» zustande brächten, ganz unfehlbar die Gnade Gottes erlangen, die eingegossen werde... Ganz widersinnig und eine starke Stütze für den pelagianischen Irrtum ist daher der bekannte Satz: ‹Dem, der tut, was an ihm ist, dem gießt Gott unfehlbar die Gnade ein›, wobei man unter dem Ausdruck ‹tun, was an einem ist› versteht: irgend etwas tun oder vermögen. Und so kommts, daß beinahe die ganze Kirche untergraben ist, nämlich durch das Vertrauen auf diesen Satz» (WA 56, 502 f).

Luther fürchtet, daß man die Gnade als bloße Zugabe versteht und der Mensch im Grunde derselbe bleibt. Er will aber betont wissen, daß der Mensch ein ganz anderer wird, ihm in der Rechtfertigung eine vollständige Erneuerung geschenkt wird. Gnade ist keine bloße Handreichung, kein Akzidenz, kein Zusatz zur menschlichen Natur. Der Mensch muß sterben, um neu werden zu können.

«Solange der Mensch selber lebt, solange er nicht aufgehoben und

---

[25] S. th. I—II q. 109 a. 6 ad 2; q. 112 a 3. Der junge Thomas (II Sent a. 28 q. 1 ad 4) hatte den Satz dagegen noch von den natürlichen Kräften verstanden und bejaht. Vgl. *H. A. Oberman* (Anm. 20) 9.135 ff.

verwandelt wird durch die erneuernde Wirksamkeit der Gnade, kann er es mit keinen Werken dahin bringen, daß er nicht unter der Sünde und dem Gesetz steht» (WA 56, 335).

Von Luthers Polemik gegen die Gottesliebe aus natürlichen Kräften her muß man auch seine scharfe Ablehnung der Formel «fides caritate formata» verstehen. Wenn nicht der Glaube, sondern erst der durch die Liebe geformte Glaube rechtfertigt und die Liebe eine Möglichkeit des Menschen und nicht reine Gottesgabe ist, dann droht die Rechtfertigung doch wieder zu einem ethischen Prozeß zu werden. So bemerkt Luther in der Römerbriefvorlesung: «Ein vermaledeites Wort, dies Wort: ‹geformt›, das einen dazu zwingt, es so zu verstehen, als sei die Seele gleichsam ein und dieselbe nach und vor der Liebe und als trete gleichsam im Augenblick des Handelns nur noch die Form hinzu, wo es doch vonnöten ist, daß sie selber ganz und gar erstirbt und eine andere wird, bevor sie die Liebe anzieht und handelt» (WA 56, 337).

Luther verwahrt sich dagegen, zum Beispiel 1519 in einem Brief an Johann Sylvius Egranus in Zwickau, daß der rechtfertigende Glaube von der Liebe getrennt werde. Der Glaube ist für Luther gewissermaßen von der Liebe durchtränkt. Aber er möchte sauber unterscheiden. Weil Hoffnung und Liebe für ihn im Gegensatz zum Glauben menschliche Betätigungen sind, fürchtet er eine Moralisierung des Glaubens, zum mindesten eine Verdunkelung des status quaestionis, der Rechtfertigung aus dem Glauben ohne Werke. In *De captivitate* bemerkt er: «Alles übrige», also auch Hoffnung und Liebe, «wird mit uns durch uns gewirkt» (WA 6, 530, 17) und in der Galatervorlesung von 1531: «Nicht daß wir die Werke oder die Liebe verwerfen, wie uns die Gegner anklagen, sondern wir wollen nicht aus dem status causae gerissen werden» (WA 40 I 240, 21—23).

Wir können Luther einen antithetischen Ockhamisten nennen. Als solchem ist ihm der Zugang zum rechten Verständnis der Lehre vom Gnadenhabitus wie von der Fides caritate formata verbaut.

III.

Luther überwindet den Ockhamismus in Rückbesinnung auf Augustinus. Er war Augustinereremit. So bedarf es keiner Erklärung, wieso er mit Augustinus in besondere Berührung gekommen ist. Der indirekte Einfluß durch die theologische Tradition seines Ordens ist schwer zu fassen, war aber sicher wirksam. Wir können auch nicht oder noch nicht genau angeben, welche theologischen Auffassungen im Erfurter Augustinerkloster vertreten worden sind [26]. Luther selbst will nicht durch Vorlesungen und schulmäßiges Studium, sondern durch private Lektüre auf Augustinus gestoßen sein [27].

Wie hoch er diesen Kirchenvater schätzte, und daß er ihm größten Einfluß auf seine theologische Entwicklung zugemessen hat, geht daraus hervor, daß er ihn unmittelbar neben die Heilige Schrift stellt. In der Vorrede zu seiner Ausgabe der *Deutschen Theologie* vom 4. Juni 1518 schreibt Luther: «Neben der Heiligen Schrift und St. Augustinus ist mir kein Buch vor Augen gekomen, daraus ich mehr erlernt habe, was Gott, Christus, Mensch und alle Ding sind» (WA 1, 378).

Direkte Beschäftigung Luthers mit Augustinus ist ab 1509 nachzuweisen, als der junge Sententiarius in Erfurt die Sentenzen des Petrus Lombardus zu kommentieren hatte [28].

Damals lag Luther ein Band mit 35 Opuscula Augustini vor. Randglossen aus seiner Hand beweisen die gründliche Lektüre. Aus derselben Zeit haben wir Randbemerkungen des Reformators zu *De trinitate* und *De civitate dei* (WA 9, 15—27). Ausgiebig hat er die *Enarrationes in Psalmos* des Augustinus benutzt. Sie sind der durchgängige Hintergrund seiner Psalmenvorlesung von 1513/15, der «Dictata super Psalterium». Der junge «Doctor biblicus» wendet sich darin polemisch gegen das historische Verständnis der Psalmen bei Nikolaus von Lyra († 1349) und den Rabbinen [29]. Er folgt aber auch nicht den neuen Wegen des Huma-

---

[26] Vgl. *L. Meier*, Contribution à l'histoire de la théologie à l'université d'Erfurt: Rev. d'hist. ecclés. 50 (1955) 454—479; 839—866; *A. Zumkeller*, Der religiös-sittliche Stand des Erfurter Säkularklerus am Vorabend der Glaubensspaltung: Augustinianum 2 (1962) 267—284; 471—506 (Notizen zu Joh. v. Dorsten u. Joh. v. Paltz); *M. Ferdigg*, De vita et operibus et doctrina Joh. de Paltz (Diss. masch. Rom 1961); *E. Kleineidam*, Die Universität Erfurt in den Jahren 1501—1505: Reformata Reformanda, Festgabe für H. Jedin, hrsg. v. *E. Iserloh* u. *K. Repgen* I (Münster 1965) 142—195.

[27] WA Tr IV 611 Nr. 5009 (1540): «Augustinus est disputator; der wil wissen vnd nicht wehnen, vnd bericht einen auch. Hic est summus theologus, qui post apostolos scripserunt. Sed nos monachi non legimus eum, sed Scotum.» (Scheel Nr. 434). Brief v. 19.10.1516 an Spalatin: «Non quod professionis meae studio ad b. Augustinum probandum trahar, qui apud me, antequam in libros eius incidissem, ne tantillum quidem favoris habuit» (WA Br 1, 70, 19 ff.); «numquam satis laudato Augustino» (WA 9, 29, 5 f.); Heidelberger Disputation (1518): «... ex S. Augustino, interprete eiusdem (i. e. Pauli) fidelissimo» (WA 1, 353, 13 f)

[28] *A. Hamel*, Der junge Luther und Augustin. Ihre Beziehungen in der Rechtfertigungslehre nach Luthers ersten Vorlesungen 1509 bis 1518 untersucht, 2 Bde (Gütersloh 1934/35); *W. v. Loewenich*, Zur Gnadenlehre bei Augustin und bei Luther: Von Augustin zu Luther (Witten 1959) 75—87.

[29] «Quapropter quidam nimis multos psalmos exponunt non prophetice,

nisten Faber Stapulensis, obwohl dessen Textausgaben seine Vorlagen waren. Luther bewegt sich in von Augustinus überkommenen Bahnen der Psalmeninterpretation. Der «sensus propheticus», das heißt der auf Christus hinweisende Sinn ist für ihn der Literalsinn. Dabei sprechen die Psalmen sowohl für Luther wie für Augustinus von Christus als dem bereits Erschienenen. Dieser christologische Sinn wird dann von beiden in der Linie des traditionellen vierfachen Schriftsinnes ausgeweitet auf die Gegenwart Christi in der Kirche (allegorischer oder mystischer Sinn), auf die Existenz des Gläubigen (tropologischer oder moralischer Sinn) und auf den Christus der Parusie (anagogischer Sinn). Wenn überhaupt, dann unterscheidet sich Luthers Exegese von der des Augustinus darin, daß in den *Dictata* der Ton auf der Identifikation des Einzelchristen mit Christus, also auf dem tropologischen Sinn, liegt. Luther läßt das verbindende Mittelglied, die Kirche, öfter aus und fragt nur nach dem Verhältnis Christi zum Christen[30].

Mit den antipelagianischen Schriften Augustins, die so große Bedeutung für ihn bekommen sollten, hat der Reformator sich erst später beschäftigt. Eine eingehendere Beschäftigung mit *De spiritu et littera* zum Beispiel ist vor 1515 nicht nachweisbar[31].

Wie stark Luthers Kampf gegen den Nominalismus ein Kampf mit den Waffen Augustinus' und für dessen Geltung in der Theologie war, beweisen die *Disputation gegen die scholastische Theologie* von 1517 und die *Heidelberger Disputation* von 1518. Im Vorwort zur letzteren nennt Luther Augustin den «zuverlässigen Interpreten» des heiligen Paulus (WA 1, 353).

---

sed hystorice, secuti quosdam Rabim hebraeos falsigraphos et figulos Judaicarum vanitatum» (WA 3, 13, 9—11); *G. Ebeling*, Die Anfänge von Luthers Hermeneutik: ZThK 48 (1951) 172—230; *ders.*, Luthers Auslegung des 14. (15.) Psalms in der 1. Psalmenvorlesung im Vergleich mit der exegetischen Tradition: ZThK 50 (1953) 280—339; *A. Brandenburg*, Gericht und Evangelium (Paderborn 1960); *E. Iserloh*, «Existentiale Interpretation» in Luthers erster Psalmenvorlesung?: Theol. Revue 59 (1962) 73—84.

30 Vgl. «Cum autem frequenter dixerimus Tropologiam esse primarium sensum Scripturae, quo habito facile sequitur sua sponte Allegoria et Anagogia et applicationes particulares contingentium» (WA 3, 531, 33—36).

31 Vgl. Brief an *Spalatin* vom 19.10.1516, WA Br 1, 70, 8 ff. In den Randbemerkungen zu den Sentenzen von 1509/10 bringt Luther zweimal genauere Stellenangaben zu Zitaten des Lombarden aus «De spiritu et littera» (WA 9, 59, 34 und 60, 26). Diese könnte er aber aus anderen ihm zur Verfügung stehenden Ausgaben der Sentenzen übertragen haben. Vgl. WA 9, 28 f. Vgl. dazu auch *B. Lohse*, Die Bedeutung Augustins für den jungen Luther: Kerygma und Dogma 11 (1965) 116—135; *Leif Grane*, Augustins «Expositio quarundam propositionum ex epistola ad Romanos» in Luthers Römerbriefvorlesung: ZThK 69 (1972) 304—330.

Die *Disputation gegen die scholastische Theologie,* Luthers erste ausdrückliche Darstellung seines Verhältnisses zur Schultheologie, wendet sich in den vier ersten Thesen gegen den Versuch, Augustins Autorität abzuschwächen und seine Aussagen gegenüber den Pelagianern über die Unfähigkeit des Menschen, ohne Gnade etwas Gutes zu tun, als polemische Übertreibungen hinzustellen. Im ganzen kämpft Luther in dieser Disputation gegen eine Auffassung, die den Menschen sozusagen in einer neutralen Zone sieht, wo er nicht von Gott gefordert ist, ihm nicht entweder im Glauben oder im Trotz gegenübersteht, beziehungsweise nicht die Barmherzigkeit oder der Zorn die ihn von Grund auf bestimmende Macht ist. Die von Luther bekämpfte scholastische Theologie ist der Ockhamismus in der Prägung des Gabriel Biel.

Mit der Betonung der zuvorkommenden Gnade, mit der Lehre, daß ohne die Gnade der Rechtfertigung keine Annahme zum Heil durch Gott möglich ist und daß die Gnade nicht als bloße Bedingung zu dem von Natur an sich schon guten Handeln hinzukommt, sondern das Tun des Menschen von Grund aus formt und auf Gott hinordnet, beanstandet Luther, was auch vom Thomismus, vor allem aber vom Augustinismus her an der spätscholastischen Theologie auszusetzen wäre. Luther bleibt aber zugleich dem Ockhamismus verhaftet. Deshalb gelingt es ihm zum Beispiel nicht, die Zuordnung von Nächsten- und Gottesliebe aufzuzeigen und die Schöpfung als Abbild des göttlichen Wesens zu sehen.

Der augustinische Hintergrund der Theologie Luthers läßt sich an einem Begriffspaar verdeutlichen, das durch sein ganzes Werk von der ersten Randbemerkung von 1509 an bis zu dem großen Galaterkommentar (1531/35) und den Disputationen gegen die Antinomer von 1538/40 hindurchgeht und auch noch in die Genesisvorlesung der vierziger Jahre hineinreicht.

Wenn Luther ein zu vordergründiges, moralisches Verständnis von Gal 2,19: «Mit Christus bin ich gekreuzigt» oder von 1 Petr 2,21: «Denn Christus hat für euch gelitten und euch ein Vorbild hinterlassen» ausschalten will, wenn er betonen will, daß nicht die Werke den Christen schaffen, sondern der Christ die Werke, dann verwendet er das von Augustinus (De trinitate IV, 3) übernommene Begriffspaar «sacramentum et exemplum». Christus muß erst für mich sacramentum werden, das heißt sein Tod muß sich an mir vollziehen, indem ich der Sünde sterbe, bevor er für mich Vorbild werden kann [32].

---

[32] Vgl. dazu unten die Seiten 76—84 und *E. Iserloh,* Sacramentum et exemplum. Ein augustinisches Thema lutherischer Theologie: Reformata Reformanda I 247—264.

Luther hat dieses Augustinische Thema «Sacramentum — Exemplum» eindrucksvoll durchgehalten. Gegen ein moralistisches Mißverständnis der Christusnachfolge betont er, daß sakramental, das heißt geistlich, gnadenhaft, verborgen an uns etwas geschehen muß, bevor wir dem Beispiel Christi entsprechend handeln können, daß Christus an uns wirksam werden muß, bevor wir mit ihm wirken können.

Luther ist also von der Theologie seiner Zeit geprägt und hat im Kampfe gegen sie im Anschluß an Augustinus seinen neuen Standpunkt gewonnen.

Das bedeutet aber auch, daß er eine Theologie in sich niedergerungen hat, von der Joseph Lortz sagt, sie sei nicht mehr «vollkatholisch» gewesen, die zum mindesten eine einseitige Darstellung des Katholischen bedeutete; er hat sie niedergerungen in Besinnung auf eine ältere katholische Tradition, den Augustinismus. Damit stellt sich die in der letzten Zeit viel erörterte Frage nach dem «katholischen Luther». Sicher muß antischolastisch nicht auch antikatholisch bedeuten, erst recht nicht dort, wo Luther die Scholastik nur in der Gestalt des Nominalismus kennengelernt und bekämpft hat.

Er hat, wie gezeigt wurde, in Abwehr einer Theologie, die alle ablehnen, Ströme theologischer Tradition wieder zum Fließen gebracht und hat die Theologie überhaupt gezwungen, ihre Ergebnisse zu überprüfen und dabei ihre Grundlagen neu zu gewinnen.

DRITTES KAPITEL

DER JUNGE LUTHER UND DER BEGINN DER REFORMATION

Man braucht nicht besonders intensiv mit der Lutherforschung vertraut zu sein, um zu wissen, daß sie in den letzten Jahren immer mehr von der Frage nach dem jungen Luther beherrscht ist. Das ist sowohl die Frage nach dem «Katholischen Luther» wie nach dem eigentlich Reformatorischen bei ihm, bzw. nach dem Zeitpunkt und dem Inhalt des sogenannten «Turmerlebnisses», von dem Luther selber so oft erzählt hat.

Dabei handelt es sich um weit mehr als um irgendein offenes Problem der Lutherbiographie. Denn hier entscheidet sich schließlich, ob Luthers neue theologische Position, etwa das sola gratia oder das sola fide, selbst kirchentrennend war und ist oder ob erst sein Protest gegen die damalige Predigt des Ablasses und der daraus entstandene Konflikt mit der Kirche und dem Papsttum ihn zu Anschauungen, vor allem zu seiner Lehre von der Kirche und ihrem Amt, geführt haben, die bis heute das eigentlich Kirchentrennende ausmachen. Hier fällt auch die Entscheidung darüber, ob Joseph Lortz recht hat, wenn er sagt, daß Luther zum Reformator wurde im Kampf mit einer ungenügenden Darstellung des Katholischen und er im Reformatorischen etwas Urkatholisches neu entdeckt hat[1]. Wenn das stimmt, brauchte das «Reformatorische», jedenfalls das, was Luther als solches verstanden hat, nicht kirchentrennend zu sein.

Das Bild des Reformators ist bis heute umstritten. Das aber nicht nur deshalb, weil das Urteil über seine Person und sein Werk an die Glaubensentscheidung über den Wahrheitsanspruch der Reformation geknüpft ist. Nein, in Luther selbst liegt der Grund für die Schwierigkeit, Person und Werk zu erfassen und wahrheitsgemäß darzustellen. Er hat vom Mönch zum Reformator eine tiefgehende Wandlung erfahren. Bei seiner stark erlebnisgebundenen Art vermochte er selbst frühere Phasen seiner Entwicklung im Rückblick nicht mehr vorurteilsfrei zu erfassen. So hat er selber Anteil am Entstehen einer «Lutherlegende», die erst in den letzten Jahrzehnten Stück für Stück abgebaut wurde. Weiter müssen wir bedenken, daß alles, was Luther geschrieben hat,

---

[1] *J. Lortz,* Die Reformation als religiöses Anliegen heute (Trier 1948), S. 136 f.

Bekenntnis ist, das heißt Erkenntnis, die durch eigenes Erleben und Erleiden bezahlt ist und die er anderen mitteilen muß: das wiederum in bedrängender Art, wobei er um der Verdeutlichung willen starke Akzente nicht scheut, ja, das Paradox bei ihm zur gemäßen Ausdrucksweise wird. Luther ist, wie er selber Erasmus gegenüber betont hat, ein «Behaupter», vorsichtiges Erwägen des Für und Wider erscheinen ihm als Skepsis. Kein Wunder, daß er den Gefahren seines zornmütigen Temperamentes und seiner polemischen Kraft allzuoft erlegen ist. Das alles macht es schwer, seine Gestalt und sein Werk, die weitgehend die deutsche Reformation ausmachen, zu erfassen.

Martin Luther wurde am 10. November 1483 in Eisleben geboren. Seine Vorfahren waren Kleinbauern am Westrand des Thüringerwaldes. Sein Vater, Hans Luder, war Bergmann. In zäher, harter Arbeit stieg er vom einfachen Hauer zum Kleinunternehmer auf. Luthers Jugend in dieser aufstrebenden, kinderreichen, kleinbürgerlichen Familie war so durch Härte, Nüchternheit und Strenge gezeichnet. Wie sehr das den empfindsamen Knaben beeindruckt hat, beweist, daß der Mann später oft davon sprach:

«Meine Eltern sind erstlich arm gewesen. Mein Vater ist ein armer Hauer gewesen. So haben sie uns erzogen. Harte Arbeit haben sie ertragen. Jetzt täts die Welt nimmer» (WA Tr III 51 Nr. 2888).

«Man soll die Kinder nicht so hart stäupen. Mein Vater stäupte mich einmal so sehr, daß ich vor ihm floh und daß ihm bange war, bis er mich wieder zu sich gewöhnt hatte» (Wa Tr II 134 Nr. 1559).

Die Strenge des Elternhauses war nicht ohne Bedeutung für seine religiöse Psyche. Übertreibend erzählt er: «Meine Eltern haben mich in strengster Ordnung gehalten bis zur Verschüchterung. Meine Mutter stäupte mich um einer einzigen Nuß willen, bis Blut floß. Und durch diese harte Zucht trieben sie mich ins Kloster» (WA Tr III 415 f. Nr. 3566).

Der aufstrebende, ehrgeizige Vater wollte aus seinem Sohn etwas Höheres machen und schickte ihn schon früh auf die Lateinschule in Mansfeld (1488—97), wo er neben Lesen und Schreiben vor allem Latein und Gesang für den Gottesdienst lernte. Noch bitterer als Desiderius Erasmus und wohl mit mehr Recht beklagte Luther sich später über die rauhen Sitten seiner Lehrer. Er will «einmal vormittags 15 mal gestrichen worden sein ohn alle Schuld» (WA Tr V 254 Nr. 5571).

Wie wir heute wissen, wird das Gottesbild eines Menschen weitgehend geprägt von dem Vatererlebnis des Kleinkindes. Daß das Gottesbild des ungemein erlebnisfähigen Luther weitgehend von der Härte in Elternhaus und Schule geformt war, bezeugt er selber. Im Galaterkommentar von 1531/1535 erzählt er: «Ich wurde von Kindheit auf so gewöhnt, daß ich erblassen und erschrecken mußte, wenn ich den Namen Christi auch nur nennen hörte: denn ich war nicht anders unterrichtet, als daß ich ihn für einen gestrengen und zornigen Richter hielt» (WA 40 I 298).

Dieses Gottesbild und die stark vom Erleben her bestimmte Art machen das Gelübde 1505 während des Gewitters bei Stotternheim in der Nähe Erfurts um so eher verständlich. Der auf der Rückreise von der Heimat in seine Universitätsstadt Erfurt von einem in unmittelbarer Nähe einschlagenden Blitz zu Boden geworfene junge Student der Rechtswissenschaft schreit in der Todesangst auf: «Hilf du, heilige Anna, ich will ein Mönch werden!» Trotz des Befremdens seiner Freunde und gegen die harte Ablehnung seines Vaters macht Luther dieses wohl von der Angst erpreßte Gelübde wahr und tritt am 17. Juli 1505 in das Kloster der Augustinereremiten von der strengen Observanz in Erfurt ein.

Die Ordensregel schrieb regelmäßige Lektüre der Bibel vor. Sie wurde ihm im Kloster nicht vorenthalten, wie noch gelegentlich zu lesen ist. Der junge Augustiner wurde eng mit der Heiligen Schrift vertraut. Er erzählt: Im Kloster «gaben ihm die Mönche eine in rotes Leder gebundene Bibel. Mit ihr machte er sich so vertraut, daß er wußte, was auf jedem Blatt stand, und sofort, wenn ein Spruch angeführt wurde, auf den ersten Blick wußte, wo er stand» (Wa Tr I 44 Nr. 116). «... als ich ins Kloster gegangen war, begann ich Bibel zu lesen, und immer wieder zu lesen...» (WA Tr III 598 Nr. 3767).

Ja, Luther brachte es zu einer stupenden Kenntnis der Heiligen Schrift! Lange Zitate aus dem Gedächtnis machten ihm keine Schwierigkeiten. Wichtiger als diese formale Beherrschung der Bibel ist das persönliche Verhältnis, das er zu ihr fand und aus dem heraus er sie seine Braut nennen konnte. Er sagte einmal:

«Willst du ein Christ werden, nimm das Wort Christi und wisse, daß du es niemals auslernen wirst, und du wirst mit mir bekennen müssen, daß du das Abc noch nicht kannst. Wenn's Rühmen gelte, so könnte ich mich auch rühmen. Denn ich habe Tage und Nächte in diesem Studium zugebracht, aber muß ein Schüler in dieser Lehre bleiben. Täglich fange ich an wie ein Elementarschüler» (WA 29, 583).

Trotzdem müssen wir die Frage stellen: Ist Luther Hörer des Wortes Gottes gewesen im vollen Sinn? Hat er die Botschaft zunächst schlicht hingenommen? Nein, Luther ist so sehr Sucher, Ringer, Kämpfer, daß er sich des Wortes bemächtigt, statt sich ihm restlos gefangen zu geben. In dieser stark subjektiven, existentiellen Art, entdeckt er Stellen der

Heiligen Schrift, die er bis dahin vergessen wähnte, ganz neu, ist aber blind für anderes, das die Bibel ebenso stark betont. Später nimmt er die Bibel auch nicht gleichmäßig als Gotteswort hin, sondern prüft von sich aus, was wesentlich ist, wählt aus und schiebt ganze Bücher an die Seite. So ist der Jakobusbrief mit der starken Betonung der guten Werke für Luther eine «strohene Epistel», die er schier in den Ofen werfen will (WA 39 II 199) und das 16. Kapitel bei Lukas ein rechtes Pfaffen- und Mönchsevangelium (WA 10 III 273), «der zänkischen Evangelien eins» (WA 29, 488), wo der «Herr muß gemeistert werden in seinen Worten» (WA 27, 296). Schließlich ist Luthers eigenes Christuserlebnis («was Christum treibet») maßgebend für das, was von der Schrift anzunehmen ist und was nicht. Luther ist aber nicht bereit, anderen, zum Beispiel Karlstadt und Müntzer, zuzugestehen, was er für sich in Anspruch nimmt.

Diese stark subjektive bzw. erlebnisgebundene Art Luthers und sein Bild von Gott als der erdrückenden Majestät werden besonders deutlich an Luthers Primizerlebnis, auf das er oft zu sprechen kommt. In der Genesisvorlesung (1540) erzählt er: «Als ich noch ein Mönch war und erstmals im Meßkanon und bei meiner ersten Messe im Kanon die Worte las ‹Te igitur clementissime pater›; ‹Dich also gnädigster Vater› und weiter: ‹Wir opfern dir, dem lebendigen, wahren und ewigen Gott›, da bin ich völlig starr und entsetzt gewesen ob dieser Worte. Ich dachte nämlich: Wie soll ich eine Majestät von solcher Größe anreden, da schon beim Anblick oder der Unterredung mit einem Fürsten oder König alle verzagen müssen?» (WA 43, 382).

Nach einem anderen Bericht habe er vor Schrecken vom Altar weglaufen wollen. Nur auf das Zureden des ihm assistierenden Priors hin sei er geblieben (WA Tr II 133 Nr. 1558). Luther steht bei seiner ersten Messe so sehr unter dem Eindruck der erschütternden Größe Gottes, daß er gar nicht mehr wahrnimmt, wie die Meßgebete ihn anleiten, Gott als «clementissime Pater», als mildesten Vater anzureden. Er darf das, weil wir «per Christum Dominum nostrum», durch, mit und in Christus unserem Mittler vor den Vater treten. Die harten und dunklen Züge von Luthers Gottesbild wurden noch verstärkt durch die theologische Schule des Nominalismus, die die Universitäten Erfurt und Wittenberg beherrschte [2]. Bei dem auf den englischen Franziskaner Wilhelm von Ockham († 1347/49) zurückgehenden Nominalismus wird die Souveränität, die durch nichts gebundene Freiheit Gottes, stark betont, ja bis zur Willkür gesteigert. Gottes Wille ist absolut frei, nicht einmal durch

---

[2] Vgl. oben «Luthers Stellung in der theologischen Tradition» S. 29 ff.

sein eigenes Wesen festgelegt. Die Gebote sind nur im Willen, nicht im Sein Gottes begründet. Wenn Gott wollte, könnte der Mord oder Ehebruch, ja selbst der Gotteshaß geboten und damit sittlich gut sein.

Ob einer verdammt oder beseligt wird, hat seinen Grund nicht in dem Menschen, sondern allein in der Annahme durch Gott.

Diese Theologie spekuliert auch ausgiebig darüber, ob Gott den Menschen zur Seligkeit führen könnte ohne die heiligmachende Gnade. Ja, sie hält dies für angemessener, um den Menschen jeden Anspruch auf den Himmel zu nehmen, weil dadurch Gottes absolut freie Verfügung eingeschränkt sein könnte.

Vor diesem Hintergrund müssen wir Luthers ernstes Ringen mit Gott zu verstehen suchen. Luther ist also vor allem als der religiöse Mensch zu sehen, als der große Beter. Die ihn in seiner Heilsangst bedrängende Frage lautet: Wie finde ich einen gnädigen Gott? Diese Heilsangst trieb ihn ins Kloster. Hier wollte er durch strenge Askese sein Heil wirken und seiner Auserwählung sicher werden. Luther hat das Klosterleben ernst genommen und sich nichts geschenkt. Hören wir ihn selbst: «Es ist wahr, ich bin ein frommer Mönch gewesen und habe meinen Orden so streng gehalten, daß ich sagen darf: Ist je ein Mönch in den Himmel gekommen durch Möncherei, so wollt' ich auch hineingekommen sein. Das werden mir alle meine Klostergesellen, die mich gekannt haben, bezeugen. Denn ich hätte mich, wenn es noch länger gewährt hätte, zu Tode gemartert mit Wachen, Beten, Lesen und anderer Arbeit» (WA 38, 143).

In der Predigt über die Taufe vom 1. 2. 1534 erzählt er: «Ich bin 15 Jahre lang Mönch gewesen. Trotzdem habe ich mich nie meiner Taufe getröstet, sondern dachte immer, Oh, wann willst du einmal fromm werden und genugtun, daß du einen gnädigen Gott kriegst?› Ich habe mich zermartert und zerplagt, ich aß nicht, ich trug keine (warmen) Kleider und fror. Ich habe allerdings fleißig alle Bücher gelesen des Papstes, des Antichrists. Ich habe alle Regeln streng gehalten» (WA 37, 611). Doch alle Mühe schien umsonst, es blieb die Erfahrung der Sünde und damit die Angst vor dem Zorn Gottes.

«Ich habe auch wollen ein heiliger, frommer Mönch sein und habe mich mit großer Andacht zur Messe und zum Gebet bereitet; aber wenn ich am andächtigsten war, so ging ich als Zweifler zum Altar, als Zweifler ging ich wieder davon. Hatte ich mein Beichtgebet gesprochen, so verzweifelte ich abermals. Denn wir waren schlechterdings in dem Wahn, wir könnten nicht beten und würden nicht erhört, wenn wir nicht ganz rein und ohne Sünde wie die Heiligen im Himmel wären.» (WA 22, 305 f.)

Bei dieser Sünde, die Luther als unüberwindlich bleibend erfährt, geht es nicht so sehr um die einzelne Tatsünde, nicht um die gegen Gottes Willen gerichtete Handlung, die man zählen und in der Beichte aufzählen kann, sondern um die allen Einzelakten vorausgehende Grundhaltung der Ichsucht, der Selbstbehauptung vor Gott, die die theologische Überlieferung «Concupiscentia», böse Begierlichkeit nennt. Dieser Ausdruck ist mißverständlich, weil Begierlichkeit uns immer zuerst und vielleicht ausschließlich an die sexuelle Triebhaftigkeit denken läßt. Gemeint ist das «cor incurvatum», das auf sich selbst zurückgekrümmte Herz, das uns an der Hingabe hindert, die Selbstsucht, die uns zur Sünde treibt, aber auch unsere besten moralischen Haltungen und Handlungen anzufressen und zu verderben droht. Diese böse Begierlichkeit ist nach der katholischen Theologie Folge der Erbsünde, die bleibt, wenn uns die Erbsünde, in der Taufe genommen wird; die Konkupiszenz ist nicht selbst Sünde, aber «fomes peccati»: Zunder zur Sünde, sie treibt uns immerfort zur Sünde, wenn wir ihr nicht in der Gnade widerstehen. Die Erfahrung dieser bösen Begierlichkeit hat Luther tief beeindruckt, und weil es im Gesetz heißt: «Du sollst nicht begehren», hat er sie selbst für Sünde gehalten.

Die Erfahrung der unüberwindlichen Konkupiszenz, der bleibenden Sünde, führte Luther in tiefe Anfechtung und Heilsangst. Letztere schildert er 1518 einmal wie folgt:

«In solchen Augenblicken vermag die Seele — wie schrecklich — nicht mehr zu glauben, daß sie jemals erlöst werde, sie fühlt nur eins: noch ist die Qual nicht vollendet. Denn sie ist ewig und die Seele vermag sie nicht für eine bloß zeitliche Qual zu halten. Da bleibt nichts anderes übrig als der nackte Schrei nach Hilfe, ein schreckliches Seufzen, das nicht weiß, wo Hilfe zu finden ist. Da ist die Seele mit dem gekreuzigten Christus weit ausgespannt, daß man alle ihre Gebeine zählen kann; kein Winkel in ihr, der nicht angefüllt wäre mit tödlicher Bitternis, mit Entsetzen, Angst, Traurigkeit — und dies alles scheint ewig zu währen» (Resolutiones 1518; WA 1, 557).

In dieser Not brachte die grundlegende reformatorische Erkenntnis — Luther schildert sie als blitzhaftes Erlebnis, als sein «Turmerlebnis» — die Befreiung. Er erzählt, er sei in seiner Heilsangst zur Heiligen Schrift geflohen, habe sich aber an dem Text Röm. 1,17 gestoßen, ja geärgert, weil es dort heiße, im Evangelium, in der Heilsbotschaft, werde die Gerechtigkeit Gottes enthüllt. Ist es nicht genug, so habe er sich gesagt, daß die elenden Sünder durch das Gesetz der Zehn Gebote bedrückt werden, will Gott uns auch in seinem Evangelium seine Gerechtigkeit und seinen Zorn drohend entgegenhalten! Ihm sei im Kloster die Gerechtigkeit nur als die aktive oder zürnende Gerechtigkeit vorgestellt worden, in der Gott gerecht ist und den Sünder straft. So habe er mit Gott gemurrt. Bis ihm eines Tages ein Licht aufgegangen sei und er die Gerechtigkeit Gottes verstehen gelernt habe als die Gerechtigkeit, in der der Gerechte durch Gottes Gnade lebt, und zwar aus dem Glauben. Gerechtigkeit als passive Gerechtigkeit, durch welche uns der barmherzige Gott gerecht macht. Da habe er sich wie neugeboren gefühlt, als wäre er durch die geöffneten Pforten ins Paradies selbst eingetreten. Die ganze Heilige Schrift habe ihm von da ab ein anderes Gesicht gezeigt. Die Behauptung, die ganze damalige Theologie habe nur die strafende Gerechtgkeit gekannt, stimmt nicht, eher ist das Gegenteil wahr, wie der Dominikaner H. Denifle mit viel Gelehrsamkeit gezeigt hat.[3] Auch die Gebete des Meßbuches, die Luther im Laufe des Jahres immer wieder zu beten hatte, bezeugen eindrucksvoll, daß «wir nicht auf unsere Gerechtigkeit vertrauen» (2. Bekennermesse), sondern «uns allein auf die Hoffnung himmlischer Gnade stützen» (5. Sonntag nach Erscheinung). Ein weiterer Beleg für die subjektive, erlebnisbetonte Art Luthers, in der er bestimmte Inhalte ungemein intensiv erfaßt, andere dagegen überhaupt nicht sieht.

Umschreibt Luther sein reformatorisches Erlebnis inhaltlich richtig als neues Verständnis der Gerechtigkeit Gottes, dann ist es zeitlich etwa 1514 in der 2. Hälfte seiner Psalmenvorlesung von 1513/14 anzusetzen.

Dann hat er aber etwas Urkatholisches neu entdeckt, jedenfalls etwas entdeckt, das nicht kirchentrennend zu sein braucht. Denn auch nach katholischer Lehre wird der Mensch nicht durch seine Werke gerechtfertigt, sondern indem er sich im von der Gnade gewirkten Glauben an Christus anschließt und Christus ihm seine Gerechtigkeit mitteilt. Wenn auch bei Paulus das *allein* durch den Glauben (sola fide) nicht ausdrücklich steht, so aber dem Sinn nach.

Thomas von Aquin und Bernhard v. Clairvaux gebrauchen die lutherische Formulierung aber wörtlich. Luther hat demnach als Lehre der Kirche etwas bekämpft, was nicht Lehre der Kirche war, sondern eine einseitige Schulmeinung der Theologie seiner Zeit.

Bei den nominalistischen Lehrern Luthers, zum Beispiel Gabriel Biel, wird der alte Satz: «Wenn der Mensch leistet, was in seinen Kräften steht, versagt ihm Gott die Gnade nicht», so verstanden, als könnte der Mensch aus sich heraus sich für die Gnade vorbereiten. Dann würde die Initiative doch beim Menschen liegen. Die katholische Lehre dagegen

---

[3] *H. Denifle*, Die abendländischen Schriftausleger bis Luther über Justitia Dei (Röm. 1, 17) und Justificatio (Mainz 1905)

betont mit Luther, daß allem Suchen des Menschen die erbarmende Gnade Gottes voraufgeht, der Mensch nicht durch seine Gerechtigkeit, sondern durch die ihm von außen eingegossene Gnade, wenn man es so versteht, also durch die fremde Gerechtigkeit in Ordnung kommt.

Die Feststellung, daß Luther etwas Urkatholisches neu entdeckt hat, will aber nicht sagen, daß er offene Türen eingerannt hätte. Mit Recht wandte er sich gegen die religiöse Praxis und die Theologie seiner Zeit, die aber eine ungenügende Darstellung des Katholischen waren.

Die Erkenntnis Luthers von der erbarmenden Gerechtigkeit Gottes, dieses sein reformatorisches Erlebnis, hat in der Römerbriefvorlesung von 1515/16 einen großartigen Niederschlag gefunden.

Nach der Vorrede hat diese Vorlesung zwei Grundgedanken:

1. Die bleibende Sünde:

«Die Summe dieses Briefes ist: zu zerstören, auszurotten und zu vernichten alle Weisheit und Gerechtigkeit des Fleisches, ... wie sehr sie auch von Herzen und aufrichtigen Sinnes geübt werden mag, und einzupflanzen, aufzurichten und großzumachen die Sünde...» (WA 56, 157). Großzumachen die Sünde, heißt natürlich nicht, der Sünde freien Lauf zu lassen, sondern die Größe der Sünde zu erkennen und sich vor Christus als Sünder zu entlarven. Luther bringt oft den Gedanken, daß wir Gott rechtfertigen müssen gemäß dem Psalmwort, «Du wirst gerechtfertigt, o Herr, in deinen Worten» (Ps. 51,6; vgl. Röm. 3,4). Denn wenn wir unsere Sünden nicht bekennen, strafen wir Gott Lügen, der von uns sagt, daß wir Sünder sind. Ein Kranker, der bestreitet krank zu sein, macht den Arzt zum Narren. «Durch dieses ‹Gerechtfertigtwerden Gottes› aber werden wir gerechtfertigt und jene passive Rechtfertigung Gottes, durch die er von uns gerechtfertigt wird, ist unsere eigene Rechtfertigung, die Gott handelnd an uns vollzieht» (WA 56, 226).

2. Die fremde Gerechtigkeit:

‹Denn Gott will uns nicht durch eigene, sondern durch fremde Gerechtigkeit und Weisheit selig machen, durch eine Gerechtigkeit, die nicht aus uns kommt und aus uns erwächst, sondern von anders woher zu uns kommt; die auch nicht unserer Erde entspringt, sondern vom Himmel kommt. So muß man also eine Gerechtigkeit lehren, die ganz und gar von außen kommt und eine fremde Gerechtigkeit ist. Darum muß zuerst die eigene, in uns heimische Gerechtigkeit ausgerottet werden» (WA 56, 158).

Fremde Gerechtigkeit heißt also, daß sie von außen kommt, uns geschenkt wird, bedeutet aber nicht, daß sie uns fremd bleibt, uns nur äußerlich zugerechnet wird und die Gerechtigkeit Christi uns nicht zu eigen wird.

In den «Dictata super Psalterium» (1513/14) hatte Luther das Problem der nach der Taufe zurückbleibenden Sünde im traditionellen Sinn so dargestellt:

«Auch nach der Vergebung der Schuld bleibt noch vieles von dem, was die Sünde uns angetan hat, zurück, nämlich Schwäche des Gedächtnisses, Blindheit des Verstandes, Begierlichkeit bzw. Unordnung im Willen. Aus diesen dreien als ihrem Ursprung leitet sich jede Sünde her. Es sind Überbleibsel der Erbsünde, die selbst in der Taufe nachgelassen wurde» (WA 3, 453).

In der Römerbriefvorlesung macht er den Theologen den Vorwurf, daß sie die bleibende Sünde nicht ernst genommen haben: «... entweder habe ich es niemals verstanden oder es haben die scholastischen Theologen nicht zutreffend genug über Sünde und Gnade geredet, die davon träumen, daß die ganze Erbsünde so gut wie die Tatsünde hinweggenommen werde, wie wenn sie gewisse Dinge wären, die man im Augenblick wegräumen könnte, so wie Finsternis durch das Licht vertrieben wird» (WA 56, 273).

Luther will den Unterschied zwischen der Vergebung (remissio) der Sünden und ihrer Hinwegräumung (ablatio) erkannt haben.

«Darum kämpfte ich mit mir, ohne zu wissen, daß die Vergebung zwar wirklich ist, daß es aber keine Hinwegräumung der Sünde gibt, es sei denn in der Hoffnung, das heißt, daß die Sünden hinweggeschafft werden sollen durch das Geschenk der Gnade, die sie hinwegzuräumen beginnt, so daß sie fürderhin nicht mehr als Sünde angerechnet wird» (WA 56, 274).

Die Heilung hat auch für Luther schon begonnen, und insofern ist der Mensch schon gesund. Somit ist der Mensch Gerechter und Sünder zugleich, «simul iustus et peccator». «In Wirklichkeit Sünder, sind sie gerecht durch das gnädige Ansehen Gottes, der sich ihrer erbarmt. Über ihr Wissen hinaus sind sie gerecht, ihrem Wissen nach ungerecht. Sünder in Wirklichkeit, gerecht aber in Hoffnung» (WA 56, 269).

Christus, der Samaritan, hat den halbtoten Menschen «in die Herberge aufgenommen und begonnen, ihn zu heilen, nachdem er ihm völlige Gesundheit zum ewigen Leben zugesagt hat. Er rechnet ihm die Sünde, das heißt die Begierden, nicht zum Tode an, sondern verwehrt ihm nur, inzwischen, in der Hoffnung auf die verheißene Gesundheit, das zu tun und zu lassen, wodurch jene Genesung aufgehalten und die Sünde, das heißt die böse Begierde gesteigert werden könnte. Ist er damit vollkommen gerecht? Nein, sondern er ist zugleich ein Sünder und ein Gerechter. Sünder in Wirklichkeit, aber gerecht kraft der Ansehung und der gewissen Zusage Gottes, daß er ihn von der Sünde erlösen wolle, bis er ihn völlig heilt, und so ist er vollkommen heil in Hoffnung, in Wirklichkeit aber ein Sünder; doch besitzt er die Erstlingsgabe der Gerechtigkeit, auf daß er immer weitersuche, immer in dem Bewußtsein, ungerecht zu sein» (WA 56, 272).

Es geht für Luther zunächst gar nicht um die Beseitigung der Einzelsünde, nicht um «Werke», sondern um die Schaffung eines neuen Menschen. Nicht so sehr die Sünde als der alte Mensch muß weggeschafft werden:

«Die Gnade und geistliche Gerechtigkeit hebt den Menschen selbst auf, wandelt ihn um und macht ihn von Sünden abwendig, mag sie auch die Sünde zurücklassen... Darum sagt Samuel: ‹Du wirst ein anderer Mann werden› (1. Sam. 10,6), das heißt, ein anderer Mensch. Er sagt nicht: deine Sünden werden geändert werden, sondern: du wirst zuvor ein anderer werden, und bist du erst ein anderer geworden, dann werden auch die Werke andere sein» (WA 56, 334 f).

So kommt Luther der Sache nach — der Ausdruck findet sich noch nicht in der Römerbriefvorlesung — zur Annahme einer doppelten Gerechtigkeit:

1. Die äußere, uns zugesprochene Gerechtigkeit. Das ist die Gnade, die Huld Gottes: «Allein durch die gnädige Ansehung Gottes, der sich unserer erbarmt, durch den Glauben an sein Wort sind wir gerecht» (WA 56, 287).

2. Die innere Gerechtigkeit, die unser eigen ist, langsam über uns Gewalt bekommt und mit der wir mitwirken müssen. Sie bezeichnet Luther als das Donum. Diese Unterscheidung von Gabe und Gnade entnimmt er Röm. 5,15: «So ist vielmehr Gottes Gnade und Gabe vielen reichlich widerfahren durch die Gnade des einen Menschen Jesus Christus.» Luther sagt dazu: «Jenes Wort: ‹Durch die Gnade dieses einen Menschen› ist von der persönlichen Gnade Christi zu verstehen, entsprechend der eigenen und persönlichen Sünde Adams, ‹die Gabe› aber ist die Gerechtigkeit, die uns geschenkt ist. Die Gnade aber und die Gabe sind ein und dasselbe: eben die Gerechtigkeit, die uns umsonst gegeben wird durch Christus» (WA 56, 318).

Es ist töricht und gefährlich, auf die äußeren Werke zu achten und nicht auf die innere Rechtfertigung, die mich zu guten Werken befähigt

(WA 56, 275). Nur der gute Baum kann gute Früchte bringen. Weil ich erst iustus in spe bin, die Gnade nur langsam die Herrschaft über mich gewinnt in einem Leben der Buße und ich die Gerechtigkeit erst im künftigen Leben erreiche, bin ich «iustus ex fide», lebe aus der nicht sichtbaren Wirklichkeit des Glaubens. «Denn unser ganzes Leben ist eine Zeit, wo man die Gerechtigkeit will, sie aber niemals ganz erreicht; das geschieht erst im zukünftigen Leben» (WA 56, 280).

Einen Aufschluß über den inneren Zusammenhang von Gnade und Gabe bleibt Luther uns schuldig. Jedenfalls muß der Mensch mit dem Donum arbeiten. Der geistliche Mensch muß der Begierlichkeit Widerstand leisten, damit die in uns bleibende Sünde nicht in uns herrsche (WA 56, 314), daß vielmehr der Geist in uns sie, die früher über uns herrschte, zerstöre. Bis dahin muß der Mensch die Sünde aushalten. Er steht so als Kämpfer zwischen den beiden contrariae leges, dem Gesetz des Fleisches und des Geistes. So ist der Mensch fleischlicher und geistlicher Mensch zugleich [4].

Er ist auf Grund der Begierlichkeit Sünder; sofern er ihr aber in der Gnade widersteht und nach der Barmherzigkeit seufzt, ist er gerecht. Insofern: simul iustus et peccator. Das ist aber wiederum nicht als starrer Zustand zu verstehen, sondern als ein Besserungsprozeß: «Wer zur Beichte geht, soll nicht meinen, er lege dort seine Bürde ab, um geruhsam leben zu können. Er soll wissen, daß er, indem er die Last ablegt, zum Kriegsdienst Gottes antritt» (WA 56, 350). Der Mensch muß also dauernd voranschreiten, Stehenbleiben bedeutet nach einem von Luther oft zitierten Wort des heiligen Bernhard Rückschritt. In der Schrift «Wider Latomus» (1521) betont Luther: «Wir glauben, daß die Vergebung aller Sünden geschehen ist ohne Zweifel, aber wir haben täglich zu tun und warten darauf, daß auch geschehe die Vernichtung aller Sünden und ihre vollständige Ausräumung. Und diejenigen, die daran arbeiten, die tun gute Werke» (WA 8, 96).

Luther macht so Ernst damit, daß der Christ auf dem Wege ist. Er will auf die Buße, das heißt, auf die Umkehr und die Ausrottung der Wurzelsünden hinweisen. Von da aus protestierte er gegen die Weise, wie der Ablaß gepredigt wurde. Der Ablaß ist abzulehnen, wenn er falscher Sicherheit und geistlicher Trägheit Vorschub leistet und nicht der Heilung von der Begierlichkeit und der Sehnsucht nach Gott dient. Entsprechend lautet die erste seiner 95 Ablaßthesen: «Da unser Herr und Meister Jesus Christus spricht: ‹Tuet Buße ...!› (Matth. 4,17), hat er gewollt, daß das ganze Leben der Gläubigen Buße sein soll.»

---

[4] «Idem homo simul est spiritus et caro» (WA 56, 350)

Damit stehen wir beim unmittelbaren Anlaß der Reformation, den Ablaßthesen und dem Ablaßstreit [5].

Luthers Ablaßthesen vom 31. Oktober 1517

Zur Finanzierung des Neubaues der Peterskirche in Rom hatten die Päpste Julius II. und Leo X. einen vollkommenen Ablaß ausgeschrieben. Ihn ließ der Erzbischof von Magdeburg und Mainz, Albrecht von Brandenburg, in seinen Landen predigen, weil sich ihm hier eine Gelegenheit bot, seine Schulden abzutragen. Er war 1513 als 23-jähriger Jüngling Erzbischof von Magdeburg und Administrator von Halberstadt geworden und wurde im nächsten Jahr auch noch zum Erzbischof und Kurfürsten in Mainz postuliert; letzteres vor allem deshalb, weil er in Aussicht gestellt hatte, die innerhalb eines Jahrzehnts nun schon zum 3. Mal aus Anlaß der Besetzung des erzbischöflichen Stuhls in Mainz fälligen Servitien- und Palliengelder an die Kurie selbst zu zahlen. Sie betrugen 14 000 Dukaten. Dazu war eine Dispensgebühr in Höhe von 10 000 Dukaten zu entrichten, weil Albrecht zu dem Mainzer Erzstift seine bisherigen Bistümer Magdeburg und Halberstadt behalten wollte, was eine nicht statthafte Häufung von Seelsorgspfründen war.

Eine solche Riesensumme von 24 000 Golddukaten stand Albrecht nicht zur Verfügung. Für die Rückzahlung der beim Bankhaus der Fugger aufgenommenen Schuld von 29 000 rheinische Goldgulden wies die Kurie selbst den Weg. Albrecht sollte acht Jahre lang in seinen Landen den Ablaß predigen lassen und die Hälfte des Erlöses zur Rückzahlung seiner Schulden verwenden dürfen. Im Ganzen ein skandalöses Geldgeschäft mit heiligen Dingen. Als päpstlicher Kommissar für diesen Ablaß erließ Erzbischof Albrecht eine umfangreiche Anweisung, die «Instructio summaria», an die Ablaßprediger. Im Rahmen der damals gängigen Ablaßlehre — eine verbindliche lehramtliche Äußerung über den Ablaß lag noch nicht vor — war die in der «Instructio» vertretene Auffassung einigermaßen korrekt. Bei Verwendung von frommen Formeln drängte sie aber zu einer marktschreierischen Anpreisung des Ablasses zwecks möglichst hohen Gelderlöses.

Der Nachlaß zukünftiger Sünden wird zwar nicht in Aussicht gestellt, wie Luther später behauptet hat (WA Tr V 675 f. 7r. 6431). Wohl kann man einen Beichtbrief kaufen, auf Grund dessen man zu einem beliebigen Zeitpunkt seines späteren Lebens auch dem Papst reservierte Sünden

---

[5] Vgl. *E. Iserloh*, Luther zwischen Reform und Reformation. Der Thesenanschlag fand nicht statt (Münster [3]1968)

bei jedem Priester beichten kann. Man kann einen vollkommenen Ablaß für die Toten gewinnen ohne eigene Reue und Beichte, allein durch Hinterlegung des Geldes.

So war dem Prediger der schon 1482 bei der Sorbonne in Paris zur Anzeige gebrachte Spottvers: «Wenn das Geld im Kasten klingt, die Seele aus dem Fegfeuer springt», geradezu in den Mund gelegt. Statt zur Buße wurden die Zuhörer zu deren Aufschiebung verführt.

Luther bekam als Seelsorger im Beichtstuhl mit der Ablaßpredigt Tetzels zu tun. In Wittenberg hatte der Kurfürst sie verboten. Die Wittenberger gingen deshalb nach Jüterbog auf brandenburgisches Gebiet, kauften dort Beichtbriefe und kamen damit zu Luther in den Beichtstuhl. Hier lernte dieser die gefährlichen Vorstellungen kennen, die die Ablaßpredigt in den Köpfen des Volkes geweckt hatte. Luther war zunächst geneigt, die Auswüchse auf die marktschreierische Art der Prediger zurückzuführen, bis er die «Instructio summaria» des Erzbischofs Albrecht von Magdeburg-Mainz für die Ablaßprediger kennenlernte und ihm klar wurde, daß deren Predigt auf offizieller Anweisung fußte. Daraufhin wandte er sich an seinen Ortsbischof Hieronymus Schulz von Brandenburg und an den Erzbischof Albrecht als den verantwortlichen päpstlichen Ablaßkommissar. Der Brief an den letzteren ist uns erhalten. Er trägt das Datum vom 31. Oktober 1517. Luther schreibt darin u. a.: «Es wird im Lande unter dem Schutz Eures erlauchten Titels der päpstliche Ablaß zum Bau von Sankt Peter feilgeboten. Ich klage dabei nicht so sehr über das Geschrei der Ablaßprediger, das ich persönlich nicht gehört habe. Wohl aber bin ich schmerzlich erzürnt über die grundfalsche Auffassung, die das Volk daraus gewinnt und mit der man sich öffentlich überall brüstet. Offenbar glauben die unglücklichen Seelen, ihrer Seligkeit sicher zu sein, sobald sie nur einen Ablaßbrief gelöst haben [6]; ebenso glauben sie, daß die Seelen sofort aus dem Fegfeuer fahren, sobald sie das Lösegeld in den Kasten gelegt hätten [7]. Weiter: So kräftig sei diese Ablaßgnade, daß jede noch so große Sünde vergeben werden könne, selbst in dem unmöglichen Fall, wenn einer — nach ihren Worten — die Mutter Gottes geschändet hätte [8]. Endlich soll der Mensch durch diesen Ablaß von jeglicher Strafe und Schuld frei werden [9]...

---

[6] Vgl. These 32
[7] Vgl. These 27; WA 30 II 284, 21 f.
[8] Vgl. These 75. Tetzel hat dieses Gerücht als Verleumdung bestritten; vgl. die Protestation vom 12. und 14. 12. 1517 bei *V. Gröne,* Tetzel und Luther (Soest 1860, S. 234—237) und These 76; vgl. WA 30 II 284, 18 ff.
[9] Vgl. These 21 und 76; WA 30 II 282, 15

... Dazu kommt, hochwürdigster Vater, noch folgendes: In der Anweisung für die Ablaßkommissare, die unter Eurem Namen veröffentlicht worden ist, heißt es — sicherlich ohne Euer Wissen und Wollen —, eine der Hauptgnaden bestehe in dem unschätzbaren Gottesgeschenk der Versöhnung des Menschen mit Gott und der Tilgung sämtlicher Fegfeuerstrafen [10]. Auch hätten die, welche Ablaß für die armen Seelen oder Beichtbriefe lösten, keine Reue nötig [11].

Was kann ich anderes tun, hochedler Bischof und erlauchtester Fürst, als daß ich Euch, hochwürdiger Vater, bei unserem Herrn Jesus Christus bitte, Ihr wollet in väterlicher Sorge Euer Auge dieser Sache zuwenden, jenes Büchlein völlig beseitigen und den Ablaßpredigern eine andere Predigtweise zur Auflage machen? Sonst könnte es so weit kommen, daß einer aufsteht, der durch seine Bücher die Ablaßprediger sowohl als auch jenes Büchlein öffentlich widerlegt — zur höchsten Schande Eurer erlauchten Hoheit. Davor graut mir in tiefster Seele, und doch fürchte ich dies für die nächste Zukunft, wenn nicht schnell Abhilfe geschaffen wird...

Der Herr Jesus behüte Euch, ehrwürdiger Vater, in Ewigkeit, Amen. Wittenberg 1517, Vigil von Allerheiligen.

Wenn es Euch, hochwürdiger Vater, beliebt, möget Ihr meine beiliegenden Streitsätze ansehen, damit Ihr erkennet, was für eine unsichere Sache die Auffassung vom Ablaß ist, wenn auch die Ablaßprediger ihre Sache für unbedingt gewiß halten.

Euer unwürdiger Sohn
Martin Luther, Augustiner, berufener Doktor der Theologie [12]

Luther bittet demnach den Erzbischof, die «Instructio summaria» zurückzuziehen und andere Weisung an die Ablaßprediger zu geben. Weiter möge er von den beiliegenden Disputationsthesen Kenntnis nehmen und daraus ersehen, wie dringend die Lehre vom Ablaß einer Klärung durch die Theologen bedürfe.

Auf dieses sein Schreiben an die zuständigen bzw. unmittelbar beteiligten Bischöfe kommt Luther häufig zu sprechen. Er stellt die Vorgänge immer so dar, daß er seine Ablaßthesen erst herausgegeben habe, als die Bischöfe nicht geantwortet hätten, was den Thesenanschlag am 31. 10., dem Datum des Briefes an den Erzbischof, ausschließt. So in den Briefen an Papst Leo X. vom Mai 1518 (WA 1, 528) und an seinen Landes-

---

10 So fast wörtlich in der «Instructio Summaria».
11 «Instructio Summaria» bei *W. Köhler,* Dokumente zum Ablaßstreit von 1517 (Tübingen ²1934) S. 116, 1 u. 25; vgl. These 33; WA 30 II 284, 23.
12 WA Br 1, 110—112. Übersetzung nach *H. Fausel,* D. Martin Luther (Stuttgart 1955) S. 70—72.

herren Friedrich den Weisen vom 21. November 1518. Im letzteren heißt es:

«Von meiner Disputationsabsicht wußte keiner auch meiner besten Freunde, sondern nur der hochwürdigste Herr Erzbischof von Magdeburg und der Herr Bischof Hieronymus von Brandenburg; denn weil ihnen ja daran gelegen sein mußte, derartige Ungereimtheiten zu unterbinden, habe ich sie in Privatschreiben — und zwar bevor ich die Disputationsthesen veröffentlichte — in demütiger und ehrbietiger Weise dazu aufgefordert, die Schafe Christi gegen jene Wölfe zu schützen... Mein Brief, der inzwischen in vieler Menschen Hände gelangte, ist vorhanden und bestätigt alle diese Tatsachen» (WA Br. 1, 245).

An dieser Darstellung hat Luther bis zum Ende seines Lebens festgehalten. In der Vorrede zum 1. Band seiner lateinischen Werke von 1545, also unmittelbar vor seinem Tod, stellt er den Vorgang im Rahmen eines Rückblickes auf sein Leben folgendermaßen dar:

«Alsbald schrieb ich zwei Briefe, den einen an den Mainzer Erzbischof Albrecht ..., den anderen an den sogenannten Ordinarius loci, nämlich den Brandenburger Bischof Hieronymus, mit der Bitte, das schamlose Treiben und die lästerlichen Reden der Ablaßprediger zu unterbinden: aber man schenkte dem armseligen Mönch überhaupt keine Beachtung: Also mißachtet gab ich einen Zettel mit Disputationsthesen heraus.» [13]

Hätte aber Luther, wie es in unseren Büchern steht und wie die Feiern zum Reformationsfest uns als selbstverständlich nahe zu bringen suchten, an diesem 31. Oktober seine Thesen an der Schloßkirche zu Wittenberg angeschlagen, dann hätte er den Bischöfen keine Zeit gelassen zu antworten, wie er so oft beteuert hat.[14]

Er hätte unmittelbar nach dem Ereignis, wo noch keine Gedächtnistäuschung möglich war, den Papst wie seinen Landesherren Friedrich den Weisen belogen und hätte bis zum Ende seines Lebens dieses gefälschte Bild von den Ereignissen aufrecht erhalten. Nichts zwingt uns, nichts berechtigt uns aber auch, Luther dieser falschen Darstellung zu bezichtigen und an dem Thesenanschlag vom 31. Oktober festzuhalten.

---

[13] «Ego contemptus edidi Disputationis scedulam» (WA 54, 180).

[14] Franz Lau (Die gegenwärtige Diskussion um Luthers Thesenanschlag: Lutherjahrbuch 34, 1967, S. 11—59) gibt meine Argumentation ungenau und unvollständig wieder, wenn er von zwei Argumenten spricht, die ich ins Feld führe. Das eine silentio, daß es keine Nachricht über einen Thesenanschlag zu Luthers Zeiten gebe, das andere: Luther hätte seine mönchische Gehorsamspflicht, ja eine christliche Grundregel (Matth. 18, 15—20) verletzt, wenn er die Antwort der Bischöfe nicht abgewartet hätte (S. 16 und 22). Ich argumentiere ja nicht, Luther hätte warten müssen, sondern Luther selbst behauptet wiederholt, gewartet zu haben.

Luther selber, aber auch alle protestantischen wie altgläubigen Chronisten in ihren zahlreichen Berichten über den Ablaßstreit wissen nichts von einem Thesenanschlag. Luther spricht nur davon, daß er gegen den Ablaß geschrieben oder Thesen herausgegeben habe.

Von einem Thesenanschlag berichtet erst Melanchthon 1546 nach dem Tode Luthers in der Vorrede zum 2. Band der gesammelten Werke des Reformators (CR 6, 161 f.). Diese Vorrede enthält aber auch sonst eine Reihe von Unrichtigkeiten — Melanchthon war 1517 noch nicht in Wittenberg, also kein Augenzeuge. Deshalb haben protestantische Forscher wie Boehmer [15] und Volz [16] sie als «haltlose Legende» betrachtet. Weshalb verweisen wir dann aber nicht auch Melanchthons Bericht vom Thesenanschlag in das Reich der Legende, wo so klare und wiederholte Aussagen von Luther selbst ihn ausschließen.

Faktisch hat auch keine Disputation stattgefunden, und die Überschrift der gedruckten Thesen mit der Bitte um eventuelle schriftliche Rückäußerung läßt an die Versendung der Thesen nach auswärts und nicht an eine Disputation in Wittenberg denken.

Entsprechend hat Luther die Thesen am 11. November seinem Freunde, dem Erfurter Prior Johannes Lang, mit der Bitte zugesandt, er und seine Ordensbrüder möchten ihre Meinung dazu äußern und ihn auf Irrtümer aufmerksam machen (WA Br. 1, 122). Die Thesen über die scholastische Theologie vom September 1517 bekam Johannes Lang sofort zugeschickt. Jetzt ließ Luther fast 14 Tage verstreichen, innerhalb derer er aus dem 72 Kilometer entfernten Halle von Erzbischof Albert hätte Antwort haben können.

In einer Tischrede erzählt Luther, er habe nach Allerheiligen auf einem Spaziergang das Entsetzen seines Freundes, des Wittenberger Professors Hieronymus Schurff, mit der Nachricht erregt, er wolle gegen den Ablaß schreiben. Das schließt einen Thesenanschlag vor Allerheiligen aus und bestätigt Luthers Behauptung, selbst seine engsten Freunde hätten nichts von einer Disputationsabsicht gewußt (WA Tr III 564 Nr. 3722).

Weiter schreibt Luther in einem Brief an den Hofkaplan Georg Spalatin, er habe seine Thesen nicht in die Hände des Kurfürsten Friedrichs des Weisen oder eines seiner Hofleute kommen lassen wollen, bevor die sie bekommen hätten, die sich darin kritisiert fühlen würden (WA Br. 1, 118). Das waren nach dem Brief Luthers an Friedrich den

---

[15] *H. Boehmer,* Luthers Romfahrt (1510/11) (Leipzig 1914) S. 8
[16] *H. Volz,* Martin Luthers Thesenanschlag und dessen Vorgeschichte (Weimar 1959) S. 37

Weisen der Erzbischof Albrecht von Magdeburg und der Bischof Hieronymus von Brandenburg, die vor seinen besten Freunden von der Disputationsabsicht erfahren hätten. Wie konnte aber Luther annehmen, nicht ein «aulicus», nicht ein Mann von Hof, würde von den Thesen Kenntnis bekommen, wenn er sie zum Fest Allerheiligen, dem Titelfest der Schloßkirche, angesichts des großen Publikumsverkehrs an diesem Tage dort anschlug?

Das und vieles andere [17] führt uns zu dem Schluß: Der Thesenanschlag fand nicht statt. Der 31. Oktober 1517 ist die Geburtsstunde der Reformation, weil an diesem Tage Luther den zuständigen Kirchenfürsten die Ablaßthesen zugeschickt hat mit der Bitte, das unwürdige Treiben der Ablaßprediger abzustellen. Als die Bischöfe nicht reagierten, hat er die Thesen zunächst privat weitergegeben. Sie wurden dann aber schnell verbreitet, in Leipzig, Nürnberg und Basel gedruckt, und fanden in Deutschland und in der Welt eine Resonanz, wie sie der Reformator nicht beabsichtigte und nicht voraussehen konnte. Nach dieser Veröffentlichung durch Buchdruck konnte Luther im Februar 1518 und später schreiben, er habe öffentlich (Publice, ante fores) zur Disputation eingeladen.

Die Frage: «Ist es denn nicht unerheblich, ob der Thesenanschlag stattgefunden hat oder nicht?», ist mit «Nein» zu beantworten. Denn wenn Luther am 31. Oktober 1517 den Thesenanschlag in Szene gesetzt hätte, an dem Tag, an dem er dem Erzbischof von Mainz die Thesen zusandte, dann hätte er sein ganzes Leben hindurch den Verlauf der Ereignisse gegen besseres Wissen falsch dargestellt. Hat der Thesenanschlag nicht stattgefunden, dann wird noch deutlicher, daß Luther nicht in Verwegenheit auf einen Bruch mit der Kirche hingesteuert ist, sondern absichtslos zum Reformator wurde. Allerdings trifft dann die zuständigen Bischöfe noch größere Verantwortung. Denn dann hat Luther den Bischöfen Zeit gelassen, religiös seelsorglich zu reagieren. Dann kann es ihm ernst gewesen sein mit der Bitte an den Erzbischof, das Ärgernis abzustellen, bevor über ihn und die Kirche große Schmach käme. Weiter bestand eine Chance, die Herausforderung Luthers, die zum Bruch mit der Kirche führte, zu ihrer Reform zu wenden.

Wir haben gesehen, daß Luther in seinem reformatorischen Erlebnis etwas Urkatholisches neu entdeckt hat, daß seine Rechtfertigungslehre, die er für den entscheidenden Punkt hielt, nicht kirchentrennend zu sein braucht. In der Rechtfertigungslehre können wir uns also finden, ohne daß der evangelische Christ sein ureigenstes Anliegen aufzugeben

---

[17] Vgl. *E. Iserloh,* Luther zwischen Reform und Reformation, S. 65—80

braucht. Wenn es nicht zu weit führte, könnte man noch zeigen, daß die Ablaßthesen — ganz abgesehen davon, daß sie als Disputationsthesen überspitzt formuliert sind — mit damals verbindlichen Lehren der Kirche nicht in Widerspruch standen. War aber mit den Thesen selbst der Bruch noch nicht vollzogen, dann scheint es mir auch wichtig, ob Luther die Thesen im Wallfahrtsbetrieb der Allerheiligenkirche angeschlagen hat oder nicht, das heißt, ob er eine Szene gemacht hat oder ob er die Thesen lediglich den Bischöfen und einigen gelehrten Männern zugestellt hat. Jenen, damit sie den Mißbrauch abstellten, diesen, damit sie die noch offenen theologischen Fragen klärten.

War aber 1517/18 noch eine echte Chance, den für die Ehre Gottes und das Heil der Seelen eifernden Wittenberger Mönch an die Kirche zu binden, und seine Gedanken in ihr fruchtbar zu machen, dann trifft die Bischöfe und den Papst um so größerer Schuld, daß sie Luther nicht mit mehr religiöser Kraft, priesterlichem Ernst und seelsorglich-pastoraler Verantwortung gegenübergetreten sind.

Diese katholische Mitschuld an der Reformation ist immer mitzubekennen, wenn man beklagt, daß Luther in seiner subjektivistischen, drängenden Art nicht mehr Geduld, nicht mehr Bereitschaft zum dienenden Gehorsam aufgebracht hat.

VIERTES KAPITEL

LUTHER UND DIE MYSTIK

Luthers Verhältnis zur Mystik ist im vorigen Jahrhundert und bis in unsere Tage hinein allgemein als ein negatives gekennzeichnet worden. Das war auch nicht anders möglich, wenn etwa Albrecht Ritschl und seine einflußreiche Schule «Mystik» für eine typisch mittelalterlich-katholische Frömmigkeitsform gehalten haben, die Luther überwunden habe. Den katholischen Wurzeln lutherischer Theologie und dem vom Reformator nie aufgegebenen katholischen Erbe ist man ja bis vor wenigen Jahrzehnten nicht nachgegangen. Ein so unabhängiger Geist wie Adolf von Harnack betont zwar, daß Mystik «nicht national oder confessionell unterschieden»[1] sei, gibt dann aber eine Definition von Mystik, die seiner eigenen Feststellung widerspricht, wenn er schreibt: «die Mystik ist die katholische Frömmigkeit überhaupt, ... sie ist die katholische Ausprägung der individuellen Frömmigkeit überhaupt»[2].

Ja, einige Seiten später heißt es bei Harnack, «ein Mystiker, der nicht katholisch wird, ist ein Dilettant» (S. 436). So wundern wir uns nicht über eine mächtige Tradition in der protestantischen Forschung, die unser Thema nach folgendem, nicht nur vereinfachendem sondern auch falschem Schema behandelt hat: (Ich zitiere Bengt Hägglund) «Die Mystik ist katholisch. Was katholisch ist, wird von einem Gottesgedanken oder einem religiösen Leitgedanken beherrscht, der dem Luthertum fremd ist. Deshalb kann zwischen Luther und der Mystik kein wirklich positives Verhältnis bestanden haben»[3].

Sicher konnte man eine intensive Begegnung Luthers mit Tauler und der «Theologia deutsch» nicht in Abrede stellen. Zeugnis dafür sind die Randbemerkungen zu Taulers Predigten von 1516 und Luthers Ausgaben der «Theologia Deutsch» von 1516 und 1518. Noch in seinen Resolutiones zu den Ablaßthesen schreibt der Reformator 1518 über Tauler: «... ich weiß zwar, daß dieser Lehrer in den Schulen der Theo-

---

[1] Lehrbuch der Dogmengeschichte III (Nachdruck 1964 der 4. Aufl. von 1910) S. 433
[2] Ebd. S. 434
[3] So als gängige Meinung wiedergegeben, jedoch nicht akzeptiert von B. *Hägglund*, Luther und die Mystik: Kirche, Mystik, Heiligung und das Natürliche bei Luther. Vorträge des 3. Internationalen Kongresses für Lutherforschung, hrsg. v. Ivar Asheim (Göttingen 1967) 84—94, S. 86

logen unbekannt und deshalb vielleicht verächtlich ist; aber ich habe darin, obgleich das Buch in deutscher Sprache geschrieben ist, mehr von gründlicher und lauterer Theologie gefunden, als man bei allen scholastischen Gelehrten aller Universitäten gefunden hat oder in ihren Sentenzen finden könnte» (WA 1, 557, 25—32), und in der Vorrede zur 2. Ausgabe von 1518 schreibt Luther über die «Theologia Deutsch»: «...mir ist nebst der Biblia und Sankt Augustino kein Buch vor Augen gekommen, daraus ich mehr erlernt habe und will, was Gott, Christus, Mensch und alle Dinge seien» (WA 1, 378, 21—23).

Historiker und Theologen, die wie Heinrich Bornkamm apodiktisch betonen: «Luther war kein Mystiker»[4], sind geneigt, darin noch ein Verhaftetsein Luthers in seiner katholischen Vergangenheit zu sehen. Luther sei vorübergehend von der Mystik beeindruckt, aber nicht wirklich beeinflußt gewesen. Auch Kurt Aland sieht in Anklängen an die Mystik oder direkten Zitaten einen Hinweis darauf, daß Luther den «Weg zur Reformation» noch nicht konsequent beschritten hätte. Wenn in der Bearbeitung der Auslegung der Bußpsalmen von 1525 sich noch mystische oder mystisch beeinflußte Termini finden, dann ist das für Aland ein Beweis, daß Luther nicht die Geduld zu einer gründlichen Neubearbeitung aufgebracht hat, denn solche mystischen Anklänge seien mit dem Kampf Luthers gegen Karlstadt 1525 schwer vereinbar[5]. Diesen Argumentationen liegt die Auffassung zugrunde, daß das Reformatorische bei Luther sich nicht mit dem Mystischen bei ihm verträgt und daß er spätestens seit seinem Kampf gegen die Schwärmer sich von der Mystik distanziert habe. Dem widersprechen schon die Taulerzitate bei Luther aus den dreißiger Jahren[6]. Im Folgenden geht es nicht darum, noch einmal Luthers Beziehungen zur deutschen Mystik oder zu mystischen Theologen wie Dionysius Areopagita, Bernhard v. Clairvaux und Joh. Gerson aufzuzeigen, sondern darum, den mystischen *Grundzug* von Luthers Theologie und geistlicher Lehre darzulegen. Dazu müßte allerdings Einigkeit darüber bestehen, was Mystik ist. Das ist in keiner Weise der Fall. In der neueren Forschung wird ja sogar in Frage gestellt, ob Johannes Tauler wegen der starken Betonung des ethischen Moments als Mystiker bezeichnet werden kann[7].

---

[4] *H. Bornkamm,* Luthers geistige Welt (1960), 292

[5] *K. Aland,* Der Weg zur Reformation. Zeitpunkt und Charakter des reformatorischen Erlebnisses Martin Luthers (München 1963) 87; vgl. S. 106

[6] Vgl. Gr. Gal. Komm 1531, WA 40 I 520, 2; Predigt v. 1. 3. 1534, WA 37, 314, 15; Neufassung dieser Predigt in der Hauspostille von 1544: WA 52, 179, 22

[7] Vgl. *B. Moeller,* Tauler und Luther: La Mystique Rhénane. Colloque de

In diesen Streit über das Wesen der Mystik soll in diesem Beitrag nicht eingegriffen werden. Hier ist «Mystik» in dem allgemeinen Sinn verstanden, der uns von Christusmystik bei Paulus sprechen läßt [8]. Danach ist Mystik jene Frömmigkeit, die eine unmittelbare Verbindung oder Berührung des Menschen mit Gott erstrebt. Diese vollzieht sich im Seelengrund, d. h. in der Schicht der menschlichen Person, die vor den Vermögen: Verstand, Wille und Gefühl liegt. In der christlichen Mystik ist diese Einigung in Christus geschenkt; der Christ ist in Christus und Christus ist im Christen. Dabei geht es, wie auch Luther gegen die Schwärmer betont (WA 40 I 546, 8), um eine wirkliche, wenn auch pneumatische (geistliche), aber nicht nur geistige oder bewußtseinsmäßige Gegenwart des gestorbenen und auferstandenen Christus in dem Christusgläubigen. Es geht um Lebens- und Schicksalsgemeinschaft und nicht um bloße Gesinnungsgemeinschaft. Wohl soll diese Lebensverbindung mit Christus in der Gesinnung und im Tun, in der Hingabe des Denkens, Fühlens und Wollens aktualisiert werden. Von einem Mystiker sprechen wir, wenn dieses Sichtragen- und Sichbestimmenlassen von dem «Christus in uns» eine besondere Stärke und Innigkeit erreicht hat. An sich ist diese Christusverbundenheit nur im Glauben gegeben und wird nicht erfahren. Sie kann aber an ihren Auswirkungen gespürt werden. So mahnt Paulus 2. Kor. 13, 5: «Prüfet euch selber, ob ihr im Glauben seid, prüfet euch selbst. Oder merkt ihr etwa nicht an euch, daß Jesus Christus in euch ist?»

Ich stimme mit H. A. Oberman [8a] darin überein, daß in Luthers Stellung zur Mystik sich kein wesentlicher Wandel vollzogen hat, weder durch sein Kennenlernen der Mystik Taulers und der «Theologia Deutsch» noch durch die Abwehr der Schwärmer, auch nicht durch die reformatorische Wendung, ob wir sie nun 1514/15 oder 1518 ansetzen. In ziemlicher Kontinuität hält Luther seine Linie durch. Er steht positiv zur Mystik als einer sapientia experimentalis, als einer Lebeweisheit [9], gemäß der der Mensch den religiösen Wirklichkeiten nicht theoretisch spekulierend

---

Strasbourg 16—19 mai 1967 (Paris 1963) 157—168; *K. Grunewald,* Studien zu Joh. Taulers Frömmigkeit (Diss. Leipzig 1930) bes. 50 ff; *F. W. Wentzlaff-Eggebert,* Studien zur Lebenslehre Taulers: Abh. d. Preuss. Akademie d. Wiss. Jg. 1939, phil. hist. Klasse 15 (1940) 50.

[8] Vgl. *A. Wikenhauser,* Die Christusmystik des Apostels Paulus (Freiburg 1956), 2. Auflage.

[8a] *H. A. Oberman,* Simul gemitus et raptus: Luther und die Mystik: Kirche, Mystik, Heiligung ... (s. o. Anm. 3) 20—59.

[9] Luther verwendet wie Tauler die Bezeichnung «Lesemeister», die antithetisch zu Lebemeister gemeint ist (WA 6, 291, 30).

gegenübersteht, sondern in ihnen steht und aus ihnen lebt. Letzthin ist es nur die eine Wirklichkeit: Christus, der Menschgewordene, Gekreuzigte und Auferstandene, mit dem der Christ in eine geheimnisvolle Schicksals- und Lebensgemeinschaft eintritt. Weil Christus in den Heilsereignissen dem Christen gleichzeitig ist, kann und muß die Schrift tropologisch ausgelegt werden, kann das, was von Christus gilt und an Christus geschehen ist, auch vom Christen ausgesagt werden.

Diesen mystischen Grundzug hat die Theologie Luthers, weil sie von Augustinus geprägte Theologie ist. Den vielfältigen Beziehungen zu diesem Kirchenvater kann hier nicht nachgegangen werden [10]. Wichtiger ist, daß Luther in dem nie abgebrochenen Traditionsstrom einer Theologie steht, die den, wie man gesagt hat, Ehebruch zwischen Spiritualität und Wissenschaft nicht mitgemacht hat, die man mit einem unzureichenden Namen: «mönchische» Theologie genannt hat.

Weil die Mystik Luthers Christusmystik ist, steht sie von vornherein einer bloßen Logosmystik skeptisch und ablehnend gegenüber. Luther lehnt jede Spekulation ab (WA Tr I 72 Nr. 153), die zu einer Einigung mit Gott kommen möchte ohne den menschgewordenen Christus bzw. an ihm vorbei, die in Gefahr ist, abzusehen von dem in der faktischen Heilsordnung (de potentia dei ordinata) konkret festgelegten Heilsweg in Geburt, Tod und Auferstehung Christi, in den wir mittels des Wortes und der Sakramente hineingenommen werden.

Wenn aber Luther sich gegen die mystische Spekulation wendet, weil es ihm allein um Jesus Christus den Gekreuzigten (1.Kor. 2,2) geht, dann schließt er sich damit keineswegs der spätmittelalterlichen «ganz unmystischen Frömmigkeit» an, deren Herzstück die Betrachtung des Leidens Christi war, wie jüngst Martin Elze [11] gemeint hat. So dankbar wir diesem für den Nachweis der Verflochtenheit Luthers in die spätmittelalterliche Frömmigkeit sind, so entschieden ist aber auch darauf hinzuweisen, daß Luther dieser kritisch gegenübersteht, er an einer bloß meditativen Versenkung in das Leiden Christi und dessen ethischem Nachvollzug im Sinne einer moralischen Nachfolge nicht genug hat, ja diese gar nicht für möglich hält ohne eine Verbindung mit Christus in einer Personschicht, die allem Tun vorgeordnet und der Erfahrung normalerweise nicht zugänglich ist. Luther steht also, wie zunächst gezeigt

---

[10] Vgl. oben S. 38—41.
[11] Vgl. *Martin Elze,* Züge spätmittelalterlicher Frömmigkeit in Luthers Theologie: ZThK 62 (1965) 381—402, S. 395. Zur Frömmigkeit der «Devotio Moderna» vgl. *E. Iserloh,* Die Kirchenfrömmigkeit in der «Imitatio Christi»: Sentire Ecclesiam, hrsg. von *J. Daniélou* und *H. Vorgrimler* (Freiburg 1961) 251—267, S. 257 ff.

werden soll, in doppelter Frontstellung: auf der einen Seite gegen eine spekulative Mystik, die vom verbum incarnatum absieht, auf der anderen Seite gegen die spätmittelalterliche Leidensfrömmigkeit, die im Bereich des Psychologisch-Moralischen bleibt, die eine imitatio sucht, bevor es zur conformatio gekommen ist, die Christus als exemplum nachstrebt, bevor er zum sacramentum geworden ist.

1. Luthers Kritik an der spekulativen Mystik und *Theologia negativa* zugunsten einer Christusmystik als Gottesgemeinschaft *sub contrario*

Luther weist in den Dictata super Psalterium gelegentlich in positivem Sinn auf Dionysius und seine negative Theologie hin. Denn diese betont nachdrücklich die Verborgenheit und Unbegreiflichkeit Gottes (WA 3, 124, 32). Weil Gottes Größe alles Denken und Erkennen übersteigt, ist die negative Theologie gemäßer als die affirmative. Sie kann nicht in Disputation und Vielrederei betrieben werden, sondern nur in Muße und Schweigen, ja in Entrückung und Ekstase (WA 3, 372, 13).

Luther sieht aber in den Dictata die Verborgenheit Gottes noch gesteigert in der Inkarnation, in der Kirche und in der Eucharistie. Man darf also folgern, daß eine Theologie, die sich mit dem fleischgewordenen Christus befaßt, seiner Meinung nach dem Geheimnis Gottes noch nähersteht. Das bringt ihn schon in der Römerbriefvorlesung dazu, gegen eine Mystik, die an der Menschwerdung und an dem Heilsweg durch Tod und Auferstehung Christi vorbeigeht, Stellung zu nehmen. Nach Luther wendet sich Paulus Röm. 5,2 gegen solche, die «allein durch den Glauben den Zugang haben wollen, nicht durch Christus, sondern an Christus vorbei, wie wenn sie fürderhin Christi nicht mehr bedürften, nachdem sie die rechtfertigende Gnade empfangen hätten» (WA 56, 298, 25 ff.). Weiter gegen die, «die allzu sicher auftreten durch Christus ... als wenn sie selbst nichts mehr zu tun bräuchten, nichts vom Glauben zeigen müßten... Darum muß beides da sein: ‹Durch den Glauben›, ‹durch Christus›, so daß wir im Glauben an Christus alles, was wir vermögen, tun und leiden sollen... Davon werden auch die betroffen, die nach der mystischen Theologie sich eifrig um die innere ‹Finsternis› mühen, dabei alle Bilder des Leidens Christi beiseite lassen und das ungeschaffene Wort selbst hören und betrachten wollen, ohne daß zuvor die Augen ihres Herzens durch das im Fleische erschienene Wort gerecht und rein gemacht sind. Denn das im Fleisch erschienene Wort ist zunächst zur Reinheit des Herzens nötig; wer sie hat, kann dann schließlich durch dieses fleischgewordene Wort zu dem ungeschaffenen Wort ‹durch einen

Aufstieg› entrückt werden» (WA 56, 299, 17—300, 5). Hier geht es nicht um den Gegensatz «zwischen der frommen Betrachtung des Leidens Christi und der mystischen Theologie» [12], sondern um eine Christusmystik gegen eine spekulative Logosmystik.

Wie vor ihm schon Bernhard (In cant. sermo 3,2; 41,2; 62,7) und Bonaventura (Itinerarium mentis in deum cap. IV) betont Luther, daß wir nur durch den Menschgewordenen und Gekreuzigten Zugang haben zu dem ewigen, unbegreiflchen Gott, nur durch den geoffenbarten den verborgenen Gott finden. Hochachtung vor der Mystik und Kritik zugleich, verbunden mit dem Ansatz zu einem eigenen mystischen Weg, spricht aus der vielzitierten Anmerkung zu der Weihnachtspredigt Taulers über die dreifache Geburt.

Hier stellt Luther dem kontemplativen Leben und der geistlichen Geburt das tätige Leben in der Übung der Tugenden und die moralische Geburt gegenüber. Dieses, in Martha verkörpert, ist der häufigere und leichte Weg, jenes, in Maria dargestellt, ist seltener und den Erfahrenen vorbehalten. Die Taulerische Predigt stehe ganz auf dem Boden der mystischen Theologie, als einer *«sapientia experimentalis et doctrinalis»*. Sie spreche von der geistlichen Geburt des ungeschaffenen Wortes. Die eigentliche *(propria)* Theologie dagegen sei die von der geistlichen Geburt des fleischgewordenen Wortes. Sie habe das «einzig Notwendige» und den «besten Teil». Sie sei nicht «um vieles besorgt» und lasse sich nicht dadurch verwirren, sei aber besorgt um die Tugend und um deren Sieg über die Laster und insofern noch nicht des vollen Seelenfriedens teilhaftig (WA 9, 98, 14—27).

Theologia propria ist für Luther, der sich dabei auf Dionysius Areopagita beruft [13], die mit Vernunftsgründen arbeitende diskursive («wissenschaftliche») Theologie, die den *de potentia ordinata* beschrittenen Heilsweg beschreibt. Diese unterscheidet er von der sinnenhaften, auf Bilder sich stützenden, und von der mystischen Theologie. In der Hebräervorlesung sagt er zu Hebr. 9,2: «Dem (d. h. dem Vorhof und den beiden Heiligtümern des Tempels) entspricht jene dreifache Theologie: die symbolische den Sinnen, die eigentliche dem Verstand, die mystische der (höheren) Vernunft» (WA 57 III 197, 15—20; 179, 5—15).

Es ist beachtlich, daß Luther den Gegensatz von geistlicher und moralischer Geburt nicht durchhält, sondern im folgenden von geistlicher Geburt des fleischgewordenen Wortes spricht. Somit gilt auch für die

---

[12] M. *Elze* ZThK 62 (1965) 399
[13] Luther konnte diese Auffassung des Areopagiten entnehmen dem Werk von *Joh. Gerson,* De Theologia Mystica. Vgl. *Jean Gerson,* Œuvres complètes, hrsg. v. Mgr Glorieux, III (Tournai 1962) 252 f.

«eigentliche», an sich ja unmystische Theologie, daß sie sich wie Maria um das einzig Notwendige kümmert und den besten Teil erwählt hat.

Luther warnt zwar wie Bernhard v. Cl., Bonaventura und die Mystiker davor, unmittelbar die mystische Beschauung anzustreben; wer mit Luzifer in den Himmel aufsteige, laufe Gefahr, mit ihm hinabzustürzen (WA 9, 98; vgl. 9, 100, 28 ff.). Aber bei ihm wird immer deutlicher, daß die Begegnung mit dem menschgewordenen Wort nicht bloße pädagogische Vorstufe ist, die man hinter sich läßt, um schließlich zum unerschaffenen Wort oder zum «deus nudus» vorzustoßen. Nein, die eigentliche, gar nicht zu überholende Einigung mit Gott geschieht in der Begegnung mit dem gekreuzigten Christus. Diese vollzieht sich aber nicht in bloßer Betrachtung und moralischer Nachfolge, sondern als seinshafte Gemeinschaft in der Tiefenschicht der menschlichen Person, die dem Vermögen, Verstand und Willen vorgeordnet und dem Bewußtsein nicht zugänglich ist. Es geht nicht um Askese oder Frömmigkeit, sondern um «Hochmystik», wenn auch anderer Art.

Luther warnt vor einer bloß spekulativen Mystik, die vom gekreuzigten Christus absieht, als eitel, aufgeblasen, selbstgefällig, als wahre Teufelsfalle vor und während seines Kampfes mit den Schwärmern. Eine solche Mystik ist nicht nur unnütz und läßt das Herz leer (WA 5, 163; WA Tr I 302 Nr. 644), sondern sie ist gefährlich, weil sie den Menschen in die Gefahr bringt zu meinen, er könne aus sich heraus durch Versenkung in den eigenen Seelengrund oder durch mystischen Aufstieg zur Einigung mit Gott kommen [14]. So ersetzt er in den Randbemerkungen zu Tauler «Syntheresis» oder «gemüte» durch fides (WA 9, 103).

Das platonische Stufendenken des Areopagiten mit der Vorstellung der Himmelsleiter lehnt Luther scharf und durch sein ganzes Werk hindurch ab, wenn damit der Eindruck erweckt wird, als könne sich der Mensch aus eigener Kraft zu Gott emporschwingen [15]. Unsere Leiter

---

[14] «Zu diesen Spekulationen über die nackte Majestät Gottes gab Dionysius mit seiner mystischen Theologie und andere, die ihm folgten, Anlaß. Sie schrieben vieles über die geistliche Hochzeit, da sie Gott selbst als Bräutigam, die Seele als Braut annahmen und lehrten, die Menschen könnten in diesem sterblichen und korrupten Fleische ohne Mittel mit der unerforschlichen und ewigen Majestät Gottes verkehren und handeln. Und gewiß ist diese Lehre als höchste und göttliche Weisheit hingenommen worden. Auch ich bin in ihr einmal gewandelt, jedoch zu meinem großen Schaden. Ich ermahne euch, daß ihr diese mystische Theologie des Dionysius und ähnliche Bücher, in denen solches Geschwätz enthalten ist, verabscheut wie die Pest und teuflische Vorspiegelungen» (WA 39 I 389, 18 ff.); 1. Disp. gegen die Antinomer (18. 12. 1537).

[15] «Nostra enim iusticia de coelo prospicit et ad nos descendit. At impii illi

kann nur die Menschheit dessen sein, der zu uns herabstieg. Bei seiner Niedrigkeit müssen wir den Aufstieg beginnen [16]. Doch bedeutet, wie gesagt, diese Ablehnung einer spekulativen Mystik, die in der Gefahr ist, den *de potentia dei ordinata* bestimmten Heilsweg zu vernachlässigen, für Luther nicht, sich wie die Devotio moderna zu begnügen mit einem «psychologischen Realismus ohne alle Überschwenglichkeit, bedacht auf kluge Mäßigung und solide, nicht dem Augenblick verfallende, deshalb auch alle Brillanz scheuende innerlich fromme Haltung» [17]. Abgesehen davon, daß diese brave Frömmigkeit Luthers religiöser Potenz nicht genügte und keine Antwort war auf die aus der Tiefe bei ihm aufgebrochenen Fragen, sah er sie in Gefahr, sich auf die psychologischen und moralischen Kräfte des Menschen zu verlassen. Von daher betont er in der Hebräerbriefvorlesung: «Wer darum sich Christo nachbilden will als einem Vorbild, muß zuerst in festem Glauben fassen, daß Christus für ihn gelitten hat und gestorben ist als göttliches Zeichen *(sacramentum)*. Gewaltig also irren die Leute, welche versuchen, sogleich mit Werken und Anstrengungen der Buße die Sünde zu tilgen und gleichsam mit dem Vorbild *(exemplum)* zu beginnen, wo sie mit dem göttlichen Zeichen *(sacramentum)* anheben sollten» (WA 57 III 114, 13—19). Luther fordert eine praktische, wenn man so will, existentielle Theologie, in

---

sua iusticia in coelum ascendere praesumpserunt et veritatem illinc adducere, quae apud nos de terra orta est» (WA 2, 493, 12; Galat. 1519); «Omnis ascensus ad cognitionem Dei est periculosus praeter eum qui est per humanitatem (humilitatem) Christi, quia haec est scala Jacob, in qua ascendendum est» (WA 4, 647, 19 f.; Cl. V, 431, 14—16). «In ‹Theologia› vero ‹mystica›, quam sic inflant ignorantissimi quidam Theologistae, etiam pernitiosissimus est, plus platonisans quam Christianisans, ita ut nollem fidelem animum his libris operam dare vel minimum. Christum ibi adeo non disces, ut, si etiam scias, amittas. Expertus loquor. Paulum potius audiamus, ut Jesum Christum et hunc crucifixum discamus. Haec est enim via, vita et veritas: haec scala, per quam venitur ad patrem ...» (WA 6, 562, 8—14; vgl. WA 39 I 389, 10 ff.).

[16] «Ipse descendit et paravit scalam» (Predigt über 2. Mose 9 [1524], WA 16, 144, 3 f.). In einer Predigt zu Gen. 28 (1519/21): «Wenn sie mit dem Kopf durch den Himmel bohren und sehen sich in dem Himmel um, da finden sie niemand; denn Christus liegt in der Krippe und in des Weibes Schoß; so stürzen sie wieder herunter und brechen den Hals. Et ii sunt scriptores super primum librum sententiarum. Deinde adeo nihil consequuntur istis suis speculationibus, ut neque sibi neque aliis prodesse aut consulere possunt ..., hebe unten an nicht oben. Darum wer Christum will lernen kennen, der muß der verachteten Gestalt acht haben ... Einem Menschen kann ich nicht recht trauen, es sei denn ich kenne ihn von Herzen. Ita deo non possimus confidere nisi cor et voluntatem eius cognoscamus. Id quod fit in Christo. Denn in ihm sehe ich, was Gott in seinem heimlichen Willen hat» (WA 9, 406, 17—31). Ähnlich in den Vorlesungen über 1. Mose von 1535/45: WA 43, 72 f.

[17] *M. Elze,* ZThK 62 (1965) 392 f.

deren Mitte das Kreuz steht, das ist keine Mystik *per viam negativam*, sondern *per viam contrarii*.

«Denn unser Gut ist verborgen, und zwar so tief verborgen, daß es unter seinem Gegensatz *(contrarium) verborgen* ist. So tief ist unser Leben verborgen unter dem Tode, die Liebe zu uns unter dem Haß wider uns, die Herrlichkeit unter der Schmach, das Heil unter dem Verderben, das Königreich unter dem Elend, der Himmel unter der Hölle, die Weisheit unter der Torheit, die Gerechtigkeit unter der Sünde, die Kraft unter der Schwachheit» (WA 56, 392). Nicht ausnahmsweise, sondern «ganz allgemein ist all unser Ja zu irgendeinem Gut unter dem Nein, damit der Glaube Raum habe in Gott, der die ganz andere Wesenheit und Güte und Weisheit und Gerechtigkeit ist, den man nicht besitzen oder an den man nicht rühren kann, es sei denn durch die Verneinung aller unserer Bejahungen» (WA 56, 392 f.). Aber die von Luther gemeinte Verneinung ist nicht der Aufstieg *per viam negationis,* sondern *per contrarium.*

«Wie die Weisheit Gottes verborgen ist unter dem Schein der Torheit, und die Wahrheit unter der Gestalt der Lüge, so kommt das Wort Gottes, so oft es kommt, in einer unserem Geist widrigen Gestalt» (WA 56, 446).

«Der Gotteswille ist verborgen unter dem Schein des Bösen, Mißfälligen und Verzweifelten, daß er unserem Willen in keiner Weise als Gottes, sondern des Teufels Wille erscheint» (WA 56, 447; vgl. 393). Nach diesem Gegensatzdenken ist «der Glaube eine gewisse Erkenntnis oder Finsternis, die nichts sieht. Und doch sitzt in dieser Finsternis Christus, der durch den Glauben ergriffen wird, so wie Gott auf dem Sinai und im Tempel saß inmitten der Finsternis» (WA 40 I 229).

Luthers negative Theologie ist das Kreuz, an dem Gott sich unter dem Gegenteil verbirgt, unter dem Knecht, der ein Wurm ist und kein Mensch (WA 40 III 543).

Die Anfechtungen sind letzthin nicht die Versuchungen der Sünde und des Teufels, nicht die dunkle Nacht der Seele, in der Gott sich uns entzieht, sondern Anfechtung bedeutet, daß Gott sich uns in seinem Gegenteil darbietet. Es geht um den Widerspruch zwischen dem fordernden und verheißenden Gott (WA 43, 202). «Alle anderen Anfechtungen sind nur Andeutung und Vorspiel jener Anfechtungen, in denen wir uns gewöhnen müssen zu Gott gegen Gott unsere Zuflucht zu nehmen» (WA 5, 204, 26). «Wir müssen wider Gott zu Gott dringen» (WA 19, 223). «Von Gott dem Richter zu Gott dem Vater» (WA 19, 229). Man muß Gott dem Tyrannen zustimmen, auf daß er so Freund und Vater wird, anders wird er's niemals (WA 56, 368).

«Denn da wir Lügner sind, kann die Wahrheit niemals anders zu uns kommen als in einer Gestalt, die dem widerspricht, was wir denken» (WA 56, 250, 8 f.; 392, 32; 446, 32).

In der bräutlichen Umarmung mit Christus ergreift die Seele das Kreuz, d. h. Tod und Hölle, und empfängt gerade dadurch das Leben (WA 5, 165). «Denn gleichwie Christus durch die Einigung mit der unsterblichen Gottheit durch das Sterben den Tod überwand, so überwindet auch der Christenmensch, indem er *durch* den Glauben an Christus mit ihm, dem Unsterblichen, eins wird, gleichfalls durch das Sterben den Tod. Und so nimmt Gott dem Teufel durch den Teufel selbst die Macht und vollendet durch das fremde sein eigenes Werk» (WA 57 III 129). Diesen mystischen Zug von Luthers Theologie möchte ich noch deutlich machen an seinem Verständnis des Glaubens, an der Vorstellung vom «fröhlichen» Wechsel und an dem Begriffspaar *sacramentum — exemplum*.

2. Der mystische Zug des Glaubens bei Luther

Man hat vom *«sola fide»* her eine Ablehnung der Mystik durch Luther herleiten wollen. Dabei trägt der Glaube bei Luther ausgesprochen mystische Züge und wird mit einem Zentralbegriff der Mystik, mit *«raptus»*, umschrieben. Die Ekstase beschreibt Luther als *«sensus fidei»* und als «das Hineingerissensein *(raptus)* des Geistes in die klare Erkenntnis des Glaubens» (WA 4, 265). In der oben zitierten Stelle aus der Hebräerbriefvorlesung ist gesagt, daß wir im Glauben an Christus eins werden mit ihm, so daß der an seiner Menschheit vollzogene Tod und die Auferstehung auch unser Schicksal sind. Wiederholt wird in dieser Vorlesung der Glaube als *raptus* gekennzeichnet. «Der Christusglaube ... ist ein Hinweggenommen- *(raptus)* und Entrücktwerden *(translatio)* von allem, das innen und außen fühlbar ist, auf das hin, was weder innen noch außen fühlbar ist, eben auf Gott, den unsichtbaren, gar hohen, unbegreiflichen» (WA 57 III 144).

«Der Glaube läßt ja das Herz sich heften und hängen an das Himmlische, läßt es ganz und gar hingerissen werden und verweilen in dem Unsichtbaren *(penitusque rapi et versari in invisibilibus)* ... Denn so geschieht es, daß der Gläubige zwischen Himmel und Erden hängt und ‹mitten zwischen den Grenzen›, wie Ps. 68,14 sagt ‹schläft›, d. h. in Christus, in der Luft hängend, gekreuzigt wird» (WA 57 III 185).

«Einerseits wird Christus durch den Glauben unsere ‹*substantia*›, d. h. unser Reichtum, genannt, andererseits werden wir — durch denselben

Glauben — seine ‹substantia›, d. h. eine neue Kreatur» (WA 57 III 153).

Glauben heißt, Christus anziehen, eins mit ihm werden und alles mit ihm gemeinsam haben (WA 2, 504, 6; vgl. 535, 24; WA 4, 408, 22—24). Im Glauben wird der Christ eins mit dem fleischgewordenen Wort (WA 1, 28, 40), *«quasi una persona»* [18]. «Wer an Christus glaubt, haftet in Christus, ist eins mit Christus, hat dieselbe Gerechtigkeit mit ihm» (WA 2, 146, 14 f.). Der Glaube ist nicht nur ein Christusanhangen (WA 57, III 178, 11), sondern ein Hineingerissen- und Umgestaltetwerden in Christus (WA 8, III). «Siehe: durch ihn in ihn hinein» (WA 8, 112).

Der Glaube ist ein Hinüberspringen, ein Hinübergeworfenwerden (WA 40 I 589, 25), ein Christus-Ansichreißen (WA 40 II 527, 9), ein Sich-Selbst-Entrissen-Werden (40 I 284, 6; 285, 24), eine Zusammenleimung *(conglutinatio)* von Christus und dem Sünder (40 I 284, 6). Dieser kriecht in Christus hinein und hängt sich ihm an den Hals (WA 36, 285). «Der wird auf Christi Schultern getragen, der im Glauben auf ihn sich stützt; und eben er wird seliglich den Hinübergang gewinnen mit der Braut, von der geschrieben steht (Hoh. 8, 5), sie steige herauf durch die Wüste und stütze sich auf ihren Geliebten» (WA 57 III 224, 13 ff.).

Von hier aus wehrt sich Luther gegen die Vorstellung, als sei die Gnade ein statischer Besitz. Sie ist dauernde Tätigkeit, durch die der Geist Gottes selbst uns mitreißt (WA 40 II 422).

Luther wehrt sich aber nicht weniger gegen eine Spiritualisierung der Gegenwart Christi in uns: «Ich glaube an den Sohn Gottes, der für mich gelitten hat, sehe meinen Tod in seinen Wunden und nichts sehe und höre ich als ihn. Das heißt Glaube Christi und an Christus. Die Schwärmer sagen, geistigerweise ist er in uns, d. h. spekulativ, realiter aber, sagen sie, ist er droben. Aber es muß Christus und der Glaube verbunden werden, und wir müssen im Himmel weilen, und Christus im Herzen. Es geht nicht spekulative, sondern realiter zu» (WA 40 I 546, 5—8).

Dieses, wenn ich so sagen darf, mystische Verständnis der Rechtfertigung als Lebens- und Liebesgemeinschaft mit Christus, die es immer

---

[18] WA 40 I 285, 5. Auch W. v. Loewenich, der in der 1. Auflage von «Luthers Theologia crucis» (München 1929) einen absoluten Gegensatz zwischen Luthers Kreuzestheologie und der deutschen Mystik des Mittelalters behauptet — ein Urteil, das er freilich im Nachwort zur 4. Auflage (München 1954) weitgehend zurückgenommen hat (S. 246 f.) —, spricht im Zusammenhang von Luthers Glaubensbegriff «von einer Christusmystik Luthers» (S. 136) und sagt S. 135: «Im einzelnen beschreibt Luther diese unio cum Christo in Bildern, die ihm aus Paulus und wieder aus der Mystik geläufig waren.»

enger zu schließen gilt, paßt nicht in das Schema der bloß imputativen Rechtfertigung und bringt die lutherischen Theologen in nicht geringe Schwierigkeiten [19].

Noch gegen Ende seines Lebens charakterisiert Luther den Glauben als «Erkennen» im Sinne einer mystischen Liebesvereinigung. «Der Glaube ist eine experimentale Erkenntnis und findet Ausdruck in dem Wörtchen: ‹Adam erkannte sein Weib›, d. h. in der Erfahrung *(sensu)* erkannte er sie als sein Weib, nicht spekulativ und historisch, sondern experimentaliter. Der historische Glaube sagt zwar auch: Ich glaube, daß Christus gelitten hat, und zwar auch für mich, aber er fügt nicht diese sensitive und experimentale Erkenntnis hinzu. Der wahre Glaube aber statuiert dieses: Mein Geliebter ist mein, und ich ergreife ihn mit Freude.» [20] Bei dieser experimentalen Erfahrung handelt es sich nicht um die natürliche Empfindungsfähigkeit. Sich auf sein Gefühl, sein Gewissen, sein Werk verlassen, hieße auf den *sensus peccati* bauen. Hier gibt es keine Sicherheit. Wenn wir aber im Glauben uns außerhalb unserer selbst stellen, wenn wir auf Christus und seine Verheißungen uns stützen, dann können wir Heilssicherheit gewinnen (WA 40 I 589). Auf die Erfahrung des alten Menschen darf ich mich nicht verlassen; nach der Rechtfertigung gibt es aber so etwas wie eine (mystische) Erfahrung des Heils. «Nachdem ich bereits gerechtfertigt bin und erkenne, daß mir durch die Gnade *(gratia)* ohne meine Verdienste die Sünden vergeben sind, da ist es nötig, daß ich anfange zu fühlen, damit ich einigermaßen begreife.» [21]

Gegenüber dem «Geschrei des Gesetzes, der Sünde, des Teufels etc.» in der Anfechtung ist die Glaubenserfahrung, ist das Rufen des Geistes allerdings nur ein minimaler Seufzer (40 I 591 f.). Es gibt demnach für Luther einen *gemitus,* der Zeichen der Geistbegabung (Röm. 8,26) und nicht sündhafte Schwäche ist.

---

[19] Vgl. *Rudolf Hermann,* Luthers These «Gerecht und Sünder zugleich» (Gütersloh ²1960) S. 280 zu der oben zitierten Stelle aus dem «Antilatomus».
[20] WA 40 III 738, 4 ff. Im Gal.-Kommentar 1531 (1535) folgert Luther aus der Intimität des ehelichen Aktes, daß der Glaube zunächst allein sein muß ohne die Werke: «Oportet hunc sponsum Christum esse solum cum sponsa in sua quiete, amotis omnibus ministris et tota familia ...» (WA 40 I 241, 13 f.).
[21] WA 40 II 422, 3 f. Über «Glaube als Erfahrung» vgl. *W. v. Loewenich,* Luthers Theologia crucis (München ⁴1954) S. 118—121

3. Der fröhliche Wechsel

Ein zentrales «mystisches» Motiv bei Luther ist der fröhliche Wechsel zwischen dem Christen und Christus [22]. Der Mensch tauscht seine Sünde mit dessen Gerechtigkeit. Diese Vorstellung Luthers ist nur vor dem Hintergrund der patristischen Erlösungslehre zu verstehen und nicht der scholastischen Satisfaktionstheorie, die der moralisch-juridischen Ebene verhaftet bleibt.

Nach den Kirchenvätern und unter ihnen nach Augustinus hat der Mensch im Ungehorsam sich von Gott dem Leben losgesagt und sich dem Tode überantwortet. Das dem Tode verfallene Fleisch hat Christus auf sich genommen und in seinem Tod am Kreuz dem Tod Genüge getan. Der Tod konnte aber seine Beute nicht festhalten. An der Überfülle des Lebens Christi hat er sich übernommen. Die Menschheit Christi war die Larve am Angelhaken der Gottheit Christi. Das Schnappen nach dieser Larve führte zum Tod des Todes. In der Kenosis, im Gehorsam bis zum Tode am Kreuze, hat Christus nicht nur die menschliche Hybris gesühnt, sondern er hat den Tod von innen her entmachtet und in der Auferstehung die menschliche Natur geheiligt, ihr sein göttliches Leben geschenkt.

Ausführlich, und zwar in Verbindung mit der mystischen Vorstellung vom Glauben als ehelichen Akt zwischen der Seele und Christus, hat Luther vom fröhlichen Wechsel und Streit in der Schrift «Von der Freiheit eines Christenmenschen» (1520) gesprochen. «Nicht allein gibt der Glaube so viel, daß die Seele dem göttlichen Wort gleich wird, aller Gnaden voll, frei und selig, sondern vereiniget auch die Seele mit Christo wie eine Braut mit ihrem Bräutigam; aus welcher Ehe folgt, wie St. Paulus sagt, daß Christus und die Seele ein Leib werden; so werden auch beider Güter, Fall, Unfall und alle Dinge gemeinsam, so daß, was Christus hat, das ist eigen der gläubigen Seele; was die Seele hat, wird eigen Christi. So hat Christus alle Güter und Seligkeit: die sind der Seele eigen; so hat die Seele alle Untugend und Sünde auf sich: die werden Christi eigen. Hier erhebt sich nun der fröhliche Wechsel und Streit. Dieweil Christus ist Gott und Mensch, welcher noch nie gesündigt

---

[22] Wertvolle Anregungen für diesen Abschnitt verdanke ich der Einsicht in eine bisher ungedruckte Arbeit von *Th. Beer,* Die Grundzüge der Theologie Luthers im Lichte des katholischen Glaubens, deren Ergebnisse ich freilich nicht bejahe. Vgl. weiter *W. Maurer,* Von der Freiheit eines Christenmenschen. Zwei Untersuchungen zu Luthers Reformationsschriften 1520/21 (Göttingen 1949) S. 55—77; *F. W. Kantzenbach,* Christusgemeinschaft und Rechtfertigung. Luthers Gedanke vom fröhlichen Wechsel als Frage an unsere Rechtfertigungsbotschaft, in: Luther 35 (1964) S. 34—45; *E. Vogelsang,* Die unio mystica bei Luther: ARG 35 (1938) 63—80

hat, und seine Frommheit unüberwindlich, ewig und allmächtig ist, so er denn der gläubigen Seele Sünde durch ihren Brautring, das ist der Glaube, sich selbst zu eigen macht und nicht anders tut, als hätte er sie getan, so müssen die Sünden in ihm verschlungen und ersäuft werden. Denn seine unüberwindliche Gerechtigkeit ist allen Sünden zu stark. Also wird die Seele von allen ihren Sünden nur durch ihren Mahlschatz, das ist des Glaubens halber, ledig und frei und begabt mit der ewigen Gerechtigkeit ihres Bräutigams Christi. Ist nun das nicht eine fröhliche Wirtschaft, da der reiche, edle, fromme Bräutigam Christus das arme, verachtete, böse Hürlein zur Ehe nimmt und sie entledigt von allem Übel, zieret mit allen Gütern? So ist's nicht möglich, daß die Sünden sie verdammen, denn sie liegen nun auf Christo und sind in ihm verschlungen. So hat sie so eine reiche Gerechtigkeit in ihrem Bräutigam, daß sie abermals wider alle Sünden bestehn kann, ob sie schon auf ihr lägen. Davon sagt Paulus, I Kor. 15, 57: ‹Gott sei Lob und Dank, der uns hat gegeben eine solche Überwindung in Christo Jesu, in welcher verschlungen ist der Tod mit der Sünde›» (WA 7, 25 f.).

Diese Vereinigung des Christen mit Christus, diesen Austausch der Naturen nimmt Luther so wirklich, daß er die Idiomenkommunikation darauf anwendet. Wie in Christus die beiden Naturen so vereinigt sind, daß ich von der Menschheit aussagen kann, was eigentlich nur von der Gottheit gilt, so kann ich von der Adamsnatur des Menschen aussagen, was von seiner Christusnatur gilt, kann ich vom fleischlichen Menschen sagen, daß er geistlich ist. Schon in der Römerbriefvorlesung führt Luther aus: «So nämlich kommt es zu der Gemeinschaft der Eigenschaften, daß ein und derselbe Mensch geistlich und fleischlich ist, gerecht und sündig, gut und böse. So wie ein und dieselbe Person Christi zugleich tot und lebendig, zugleich leidend und selig, zugleich wirkend und untätig ist usw., um der Gemeinschaft der Eigenschaften willen, auch wenn keiner von den beiden Naturen das, was der anderen Natur eigentümlich ist, zukommt, sondern der schroffste Widerspruch zwischen ihnen besteht, wie bekannt ist» (WA 56, 343, 18—23).

Der fröhliche Wechsel bedeutet, daß Christus all unsere Sünden trägt. Das läßt uns die Sünde aushalten, von der wir erst langsam geheilt werden *(«simul iustus et peccator»)*. «Genug, daß die Sünde uns mißfällt, auch wenn sie noch nicht völlig das Feld räumt. Denn Christus trägt alle Sünden, wenn sie uns nur mißfallen, und dann sind sie schon nicht mehr unsere, sondern die seinen und umgekehrt ist seine Gerechtigkeit unser eigen geworden» (WA 56, 267).

Für Luthers Vorstellung vom fröhlichen Wechsel spielt wie bei den Kirchenvätern Phil. 2, 5 ff. eine wichtige Rolle. Nach dem *«Sermo de duplici iustitia*» (WA 2, 145—152), einer Auslegung dieser Stelle, hat Christus sich der *forma dei,* nicht der *substantia dei,* entäußert, d. h. er hat die Weisheit, Ehre, Kraft, Gerechtigkeit, Güte, Freiheit abgelegt und die *forma servi,* das sind unsere Sünden, auf sich genommen. Dafür hat er uns seine Gerechtigkeit geschenkt. Diese — Luther nennt sie die *iustitia essentialis* — muß fruchtbar werden in einer zweiten Gerechtigkeit. Diese ist unsere eigene, weil wir dazu mitgewirkt haben. Sie fließt aus der ersten und ist deren Erfüllung. Dieses Fließen, Mitarbeiten und Vollenden vollzieht sich in einem Liebesaustausch zwischen dem Bräutigam und der Braut [23]. «Durch die erstere Gerechtigkeit entsteht die Stimme des Bräutigams, der zur Seele spricht: ‹dein bin ich›, durch die zweite aber die Stimme der Braut, welche spricht: ‹dein bin ich›. Dann ist die Ehe fest vollendet und vollzogen» (WA 2, 147, 26—29). Es erübrigt sich, dieses Motiv des fröhlichen Wechsels durch das ganze Werk Luthers zu verfolgen. Doch um deutlich zu machen, daß es hier nicht um eine Vorstellung geht, die ihm gelegentlich sozusagen als Relikt aus seiner katholischen Zeit in die Feder fließt, sei ihre zentrale Bedeutung noch am großen Galaterkommentar von 1531 (1535) aufgewiesen.

Auch hier ist der Glaube und die neue Gerechtigkeit als mystische Vereinigung mit Christus in der Tiefe der Person verstanden, ja im Glauben bekommt der Christ in Christus einen neuen Person-Grund. «Wo der rechte Glaube gelehrt wird, da wirst du durch den Glauben so mit Christus zusammengeleimt, daß aus dir und Ihm gewissermaßen eine Person wird, die nicht getrennt werden kann, sondern ewig Ihm anhangt und sagen darf: Ich bin wie Christus, und Christus hinwiederum sagt: Ich bin wie jener Sünder, der mir anhangt und ich ihm» (WA 40 I 285).

«In einem glücklichen Tausch mit uns hat er unsere sündige Person angenommen und uns seine unschuldige und siegreiche Person geschenkt ... Er spricht zu uns: Ich entäußere mich und nehme euer Kleid und euere Larve an, und wandle in ihr und erleide den Tod, um euch vom Tode zu befreien» (WA 40 I 443).

So ist Christus zur Sünde geworden (2.Kor. 5, 21; WA 40 I 448, 28 ff.). Er selbst ist schuldig geworden aller Sünden, die wir getan haben, also sind wir befreit nicht durch uns, sondern durch ihn (WA 40 I 438, 8). Er hat die Person aller Sünder angenommen und ist darum aller Sünden

---

[23] Das Motiv von dem bräutlichen Verhältnis der Seele zu Christus bei Luther klang schon im 2. Abschnitt an und steht in unmittelbarer Beziehung zu dem fröhlichen Wechsel. Es soll hier nicht eigens behandelt werden. Bis 1521 ist ihm nachgegangen *F. Th. Ruhland,* Luther und die Brautmystik. Nach Luthers Schrifttum bis 1521 (Diss. Gießen 1938).

schuldig geworden. Er hat nicht nur die Strafe auf sich genommen, sondern unsere der Sünde verfallene Natur. «Er ist unter den Zorn Gottes in meine Person getreten und hat mich auf seinen Hals genommen» (WA 40 I 442, 10). In Christus wurde so die Sünde niedergerungen und absorbiert (Kol. 2, 15). Darum gibt es keine Sünde mehr.

«Weil es eine göttliche und ewige Person war, darum war es dem Tode unmöglich sie festzuhalten. Darum stand er am 3. Tage vom Tode auf und lebt jetzt in Ewigkeit, und es wird ferner an ihm nicht mehr gefunden Sünde und Tod und auch nicht mehr unsere Larve d. h. unser Sündenfleisch, sondern allein Gerechtigkeit, Leben und ewige Seligkeit» (WA 40 I 443, 11 ff.).

Die in Christus der menschlichen Natur zuteil gewordene Gerechtigkeit geht im Glauben auf uns über. «Was in mir ist an Gnade, Gerechtigkeit etc., das ist Christi eigen und doch ist es mein eigen durch die Zusammenleimung und das Anhaften, welches durch den Glauben geschieht, durch den wir ein Leib im Geiste werden» (WA 40 I 284—25). Das Verhältnis von göttlicher und menschlicher Natur und ihr Zusammenwirken bei der Erlösung überträgt Luther auf das Verhältnis von Glauben und Werken beim Menschen. Die im Glauben begründete Gemeinschaft mit Christus muß in guten Werken fruchtbar werden. Der bloße Glaube *(fides absoluta)* muß sozusagen Fleisch und Blut annehmen *(fides incarnata).* Aber wie nicht die Menschheit Christi Sünde und Tod besiegt, sondern die unter ihr verborgene Gottheit, wie nicht die Larve, in die der Teufel beißt, ihm den Tod beibringt, sondern der in dem Wurm verborgene Angelhaken, so rechtfertigen auch nicht die Werke, sondern der Glaube, deren Frucht sie sind. Der Glaube ist also die Göttlichkeit der Werke und so in diese ausgegossen wie die Gottheit in die Menschheit Christi. Wie man nun nach der Idiomenkommunikation auf Grund der Verbindung von Gottheit und Menschheit in Christus jener zuschreibt, was an sich nur dieser zukommt, so kann man auch um des Glaubens willen den Werken zuschreiben, was an sich vom Glauben gilt (WA 40 I 417 f.).

Es ist hier nicht der Platz zu untersuchen, ob Luther aus einer polemischen Voreingenommenheit heraus oder, positiver ausgedrückt, um sein Anliegen der Rechtfertigung *sola fide* nicht zu verdunkeln (WA 40 I 240, 21), das Mitwirken der menschlichen Natur Christi bei der Erlösung monophysitisch verkürzt [24] und so auch die Chance verpaßt, die

---

[24] Vgl. *Yves Congar,* Regards et réflexions sur la christologie de Luther: Das Konzil v. Chalkedon, hrsg. v. A. Grillmeier und H. Bacht, Bd. III (Würzburg 1954) 457—486. Wichtig die Weiterführung bei *P. Manns,* Fides absoluta Fides incarnata. Zur Rechtfertigungslehre Luthers im großen Galater-

«*fides incarnata*», die Werk-Werdung des Glaubens nach Analogie der Mensch-Werdung Gottes, theologisch näher bestimmen zu können [25].

Wir brauchen in diesem Zusammenhang an Luther auch nicht die kritische Frage zu stellen, wer denn das Subjekt dieser quasi hypostatischen Union von Sündennatur und Christusnatur im Christen ist. Dieses Problem besteht ja auch bei der «Entwerdung», die zur mystischen Einigung führt, ja selbst bei Röm. 6, 3—11 und Gal. 2, 20. Daß es sich hier bei Luther stellt, ist schon ein Beweis für den mystischen Zug der Vorstellung vom fröhlichen Wechsel.

4. Sacramentum et exemplum.

Wenn Luther ein zu vordergründiges, moralisches Verständnis von Gal. 2, 19: «Mit Christus bin ich gekreuzigt» oder von 1.Petr. 2, 21: «Denn Christus hat für euch gelitten und euch ein Vorbild hinterlassen» ausschalten will, wenn er betonen will, daß nicht die Werke den Christen schaffen, sondern der Christ die Werke, dann braucht er das Begriffspaar «*sacramentum et exemplum*» [26]. Christus muß erst für mich *sacramentum* werden, d. h. sein Tod muß sich an mir vollziehen, indem ich der Sünde sterbe, bevor er für mich Vorbild werden kann.

Dieses Begriffspaar «*sacramentum et exemplum*» übernimmt Luther von Augustinus aus «De trinitate» Buch IV cap. 3. Dort führt der Kirchenvater aus: Christus war ohne Sünde und bedurfte nicht der inneren Erneuerung. Er hat aber unser sterbliches Fleisch auf sich genommen und damit auch den Tod, der als Strafe für die Sünde darüber verfügt war. Er ist nur dem Fleische nach gestorben und bedurfte nur leiblich der Auferstehung. Diesen seinen in diesem Sinne einfachen Tod und seine einfache Auferstehung stellt er vor uns hin in doppelter Bedeutung als «*sacramentum et exemplum*». Denn wir müssen eines doppelten Todes sterben und bedürfen einer doppelten Auferstehung. Wir müssen der Sünde sterben und auferstehen zu einem neuen Leben und müssen Leiden und Tod als Strafe für die Sünde auf uns nehmen bis zu unserer leiblichen Auferstehung. «Für diesen unseren doppelten Tod also läßt es sich unser Erlöser seinen einfachen kosten; und um unsere zweifache

---

Kommentar, in: Reformata Reformanda. Festgabe für Hubert Jedin, hrsg. von E. Iserloh u. K. Repgen, I (Münster 1965) 265—312, bes. 271—275; 300 f.
[25] *P. Manns*, a. a. O. S. 276
[26] Ich wiederhole hier in gekürzter Fassung meinen Beitrag: Sacramentum et exemplum. Ein augustinisches Thema lutherischer Theologie, in: Reformata Reformanda, Festgabe für Hubert Jedin, hrsg. v. E. Iserloh und K. Repgen, I (Münster 1965) 247—264

Auferstehung zu wirken, stellte er im voraus seine einmalige vor uns hin als Sakrament und als Beispiel» (PL 42, 889; 891).

Den in seiner Weitschweifigkeit etwas undurchsichtigen Augustinustext macht Luther sich am Rande seiner Ausgabe in einem Schema deutlich. Danach ist die Kreuzigung Christi Sakrament, insofern sie das Kreuz der Buße «bedeutet», an dem die Seele der Sünde stirbt, und sie ist «Beispiel, weil sie auffordert, den Leib in Wahrheit dem Tode oder dem Kreuz auszuliefern» [27].

Die Kreuzigung Christi ist Sakrament, sie ist ein Geschehen, das nicht in sich seinen Abschluß findet, sondern Zeichen ist, d. h. weiterweist auf ein Geschehen in dem von ihr betroffenen Menschen; sie weist aber nicht nur hin auf einen Bewußtseinsvorgang im Menschen, insofern sie in ihrer Heilsbedeutung verstanden werden will oder eine Gesinnungsänderung veranlaßt, sondern bewirkt etwas, allerdings wesentlich Verborgenes, im Menschen. «Der Tod Christi macht die Seele der Sünde sterben, so daß wir der Welt gekreuzigt sind und die Welt uns» (WA 9, 18).

Ernst Bizer deutet diese Stelle direkt im Widerspruch mit der Intention Luthers, wenn er die sakramentale Bedeutung des Todes Christi im Bereich der Erkenntnis und des moralischen Verhaltens beschlossen sieht. Er meint zu der Stelle: «Wir können einfach sagen: der Tod Jesu am Kreuz zeigt uns die Demut als den Weg des Heils, denn die Demut ist die Haltung des Büßenden ... Und das Sakrament *gibt* nicht in erster Linie etwas, sondern es vermittelt eine am Kreuz Christi zu gewinnende Erkenntnis, die auf einer bestimmten Deutung desselben beruht.» [28] Dabei sagt Luther ausdrücklich: *«ut mors Christi faciat animam mori».* Wenn Bizer Luther richtig verstünde, wäre gar nicht einzusehen, weshalb dieser den wesentlichen Unterschied von sacramentum und exemplum so stark betont. Denn vom Vorbild gilt doch vielmehr, daß es mich zur Buße «veranlaßt» und die «Demut als den Weg des Heils» weist. Luther

---

[27] «Crucifixio Christi est sacramentum, quia significat sic crucem poenitentiae, in qua moritur anima peccato; est Exemplum quia hortatur pro veritate corpus morti offerre vel cruci» (WA 9, 18, 19 ff.; CL V; 4). Die Stelle ist behandelt bei *A. Hamel,* Der junge Luther und Augustin I (Gütersloh 1934) 23, und bei *W. Jetter,* Die Taufe beim jungen Luther (Tübingen 1954) 136—142. Vgl. den «Exkurs: Die Geschichte Christi als Sakrament und Exempel» ebd. 142—159; *O. Ritschl* bemerkt zu dieser Stelle (Dogmengeschichte des Protestantismus II, 1 [Leipzig 1912]¹ 43): «Bereits 1509 hat er den Grundgedanken seiner theologia crucis unter Verwertung eines von Augustin entlehnten Begriffspaares in voller Deutlichkeit ausgesprochen.»
[28] *E. Bizer,* Die Entdeckung des Sakraments durch Luther: Ev. Theol. 17 (1957) 64—90, bes. 66

will aber gerade das Mißverständnis der spätmittelalterlichen Leiden-Jesu-Frömmigkeit ausschließen, wenn wir Christus in der Imitation seiner Demut und seines Leidens ähnlich werden könnten, bevor sein Tod und seine Auferstehung für uns Sakrament geworden sind, d. h. sich in mysterio an uns vollzogen haben. Keineswegs läßt Luther «hier also den traditionellen Begriff des Sakramentes einfach beiseite», wie Bizer meint [29]. Im Gegenteil: in Rückführung des Sakramentsbegriffs im Sinne der älteren Tradition auf Christus als Ursakrament überwindet Luther die Entleerung des Sakraments durch den Nominalismus und läßt er zugleich die stark vom juristischen Denken bestimmte, als Satisfaktion verstandene Erlösungslehre zurücktreten zugunsten der in der Vätertheologie maßgebenden Auffassung von der Erlösung [30]. Danach hat Christus unsere von der Sünde getroffene menschliche Natur auf sich genommen, hat sie durch den Tod hindurchgetragen und heimgeführt in die göttliche Herrlichkeit. Durch die Verbindung mit Christus dem Gekreuzigten, durch das Verwachsensein mit seinem Tode und durch die Teilnahme an seiner Auferstehung werden wir dessen göttlichen Lebens teilhaftig, ist sein Leben unser Leben, sind seine Sohnschaft, Gerechtigkeit, Weisheit, Liebe unser Anteil und von uns aussagbar. Tod und Auferstehung sind nicht nur Ereignisse, die sich einmal historisch an Christus vollzogen haben, sondern sind zugleich Sakramente, d. h. Zeichen, die unser Heil bezeichnen und bewirken.

Was an Christus geschah, will sich entfalten wie die Wurzel zum Baum, will zur Auswirkung kommen wie die Ursache in der Wirkung. Auf die Randbemerkung zu Augustinus allein gestützt, ginge diese Interpretation selbstverständlich zu weit. Sie wird aber bestätigt durch Luthers exegetische Vorlesungen in den folgenden Jahren. So in den «*Dictata super Psalterium*» bei der Erklärung von Ps. 110 (111), 4: «*Memoriam fecit mirabilium suorum.*» Diese Wundertaten sind nicht

---

[29] Ebd. 66; vgl. 68: «Für das Sakrament im hergebrachten Sinn ist dabei nur Raum, soweit es dazu ermahnt und diese Bedeutung des Todes Christi vermittelt; ‹Gnadenmittel› kann es nur in sehr abgeleitetem Sinne sein, sofern es eben Andachtsmittel ist und zu dieser Nachfolge auffordert.» Dabei braucht Luther das Wort «hortatur» in der Linie des «exemplum».

[30] Vgl. W. *Jetter,* Die Taufe beim jungen Luther (Tübingen 1954) 139 Anm. 1: «Luther scheint hier mit ‹sacramentum› über die scholastische Dogmatik hinweg auf Augustin zurückzugreifen und ein andersartiges, gerade nicht in den Sakramenten erfolgendes Gegenwärtig- und Wirksamwerden der Passion Christi zu meinen, nämlich ein durchs Wort vermitteltes.» Weshalb Rückgriff auf Augustin Vermittlung durch das Wort statt durch Sakramente bedeuten soll, ist weder aus dem Augustinus- noch aus dem Luthertext, sondern nur aus dem Apriori einer modernen «Worttheologie» zu verstehen.

die Wunder, die Christus gewirkt hat, sondern die sich an ihm vollzogen haben, daß er nämlich den Tod in seinem Tod tötete, die Strafen in seiner Pein, die Leiden in seinem Leiden, die Schmähungen in seiner Schmach vernichtete. Denn im Tod Christi ist der Tod so «kostbar geworden in den Augen des Herrn» (Ps. 115 [116], 15), daß er ewiges Leben bedeutet, zur Freude wurde die Strafe, zur Lust das Leiden, zur Herrlichkeit die Schmach. Die Betrachtungsweise Gottes steht hier im Widerspruch zu der der Menschen. So hat «der Herr an seinem Heiligen seine Wunderkraft erwiesen» (Ps. 4, 4).

Diese Wundertaten weisen und wirken weiter, sie haben sich in der Passion an Christus radicaliter und causaliter vollzogen, d. h. als etwas, das in der Auswirkung an uns sich erfüllen muß wie die Wurzel im Baum und die Ursache in der Wirkung; nach Christi Beispiel müssen wir alle gestaltet werden. Das ist möglich, weil die Passion im Sakrament der Eucharistie uns gleichzeitig und zum bewirkenden Zeichen für uns wird. Sie ist das «Denkmal der Heilstaten» Gottes, durch sie werden erquickt und gespeist, die den Herrn fürchten. Speise und Gedächtnis sind zweierlei: Sakrament und Wort, d. h. die Predigt von Christus und das Evangelium (WA 4, 243).

Das Christusereignis will in uns Gestalt gewinnen, es drängt sozusagen zur Realisierung im Gläubigen. Christus ist, wie Luther an anderen Stellen der «Dictata» sagt, unser *Abstractum*, und wir sind sein *Concretum* (WA 4, 173, 23).

Nur weil das Schicksal Christi uns sozusagen gleichzeitig geworden ist in unserem Sterben und Auferstehen mit ihm und in ihm und wir fortan am Christusleben Anteil haben, ist die tropologische Auslegung der Psalmen möglich und keine allegorische Spielerei. Deshalb kann das, was dem Literalsinn nach von Christus gesagt ist, im tropologischen Sinn vom Christen verstanden werden. Diesem Leben in und mit Christus, das nur im Glauben gegeben ist, müssen die opera fidei entsprechen. Das *sacramentum* ist Voraussetzung des *exemplum,* die Christusexistenz wird zur Christusnachfolge.

Auch wenn Luther bei Bezugnahme auf die Stelle aus De trinitate (IV c. 3 n. 6) das Begriffspaar *sacramentum — exemplum* nicht anführt, meint er die Sache, daß nämlich Christi Tod vorbildlich und heilsvermittelnd für uns ist und in unserer leiblich-geschichtlichen Existenz nachzuvollziehen ist. Christi Tod und Auferstehung haben im Christen eine doppelte Entsprechung, insofern dieser geistlich (d. h. im Glauben) der Sünde sterben und sich über das tötende Fleisch immer wieder erheben muß, bis er schließlich im leiblichen Tod das Todesschicksal auch äußerlich erfährt und am Siege Christi Anteil erhält (WA 3, 392).

Unserem doppelten Übel Sünde und Strafe entspricht bei Christus nur ein einfaches, nämlich die Strafe, die er für uns auf sich genommen hat. Sein Gebet um Befreiung von Strafe ist für uns ein Gebet um Befreiung von Sünde und Strafe. Die Gleichheit des äußeren Schicksals *(exemplum)* setzt voraus, daß Christi Tod zuvor für uns bewirkendes Zeichen *(sacramentum)* des Absterbens der Sünde wurde (WA 3, 418).

Dieses Begriffspaar *sacramentum* und *exemplum* oder die zugrunde liegende Vorstellung finden sich nicht nur in den früheren Schriften Luthers, wo sie ja bloße Lesefrüchte aus den Werken Augustins sein könnten, sondern durchziehen das ganze Lebenswerk des Reformators.

Das setzt uns in Erstaunen, weil unsere Ansicht von Luthers Erlösungs- und Rechtfertigungslehre allzusehr von der Systematisierung der lutherischen Orthodoxie und den von daher bestimmten Lehrbüchern her geprägt ist.

In der Römerbriefvorlesung verwendet Luther die Formel «*sacramentum — exemplum*» oder einfach «*sacramentaliter*» fünfmal, um die «*Pro-nobis*»-Bedeutung des Todes und der Auferstehung Christi zum Ausdruck zu bringen. Nach der Glosse zu Röm. 6, 9 ist Christus von den Toten erstanden «*sibi corporaliter, nobis sacramentaliter*» (WA 56, 58 f.). In diesem Zusammenhang wird deutlich, wie unzutreffend es ist zu sagen, bei Luther sei an die Stelle des mystischen «*in nobis*» das «*pro nobis*» getreten. In der Glosse zu Röm. 5, 10 betont Luther ausdrücklich, daß er Sakrament im engen Sinn als bewirkendes Zeichen verstanden wissen will, das den Glaubenden zu Auferstehung und Leben führt. Den Glauben als Bedingung dafür, daß Tod und Auferstehung Christi für uns zum bewirkenden Zeichen unseres Todes und unserer Auferstehung werden, betont Luther auch im Scholion zu Röm. 4, 25: «Der Tod Christi ist der Tod der Sünde, und seine Auferstehung ist das Leben der Gerechtigkeit. Denn durch seinen Tod hat er für unsere Sünde genuggetan und durch seine Auferstehung uns seine Gerechtigkeit zugewandt. So bezeichnet *(significat)* sein Tod nicht nur die Sündenvergebung, sondern er bewirkt sie auch als voll ausreichende Genugtuung. Und seine Auferstehung ist nicht nur Zeichen *(sacramentum)* unserer Gerechtigkeit, sondern bewirkt sie, wenn wir an sie glauben, und ist ihre Ursache» (WA 56, 296, 17—22).

Von der Taufe als der Weise, in der für uns der Tod Christi im Glauben zum wirksamen Zeichen unseres Todes und unserer Auferstehung wird, spricht Luther hier nicht ausdrücklich, wohl steht die Taufe dem Zusammenhang von Röm. 6 entsprechend selbstverständlich im Hintergrund der Argumentation [31]. Aus dem Gesamtzusammenhang der Römerbriefvorlesung läßt sich ermitteln, daß das Christusereignis im

Wort und Sakrament an den Menschen herangetragen wird, aber nur im Glauben ihm zu eigen werden kann.

Christi Leiden ist göttliches Zeichen *(sacramentum)* der Abtötung des inneren Menschen und der Nachlassung der Sünden (WA 57 III 222). Der Mensch muß mit Christus im Glauben sterben, damit Christus in ihm leben und wirken, ja herrschen kann. «Dann strömen von selbst die Werke nach außen aus dem Glauben. So fließt unsere Geduld aus der Geduld Christi, unsere Demut aus der Christi, und ebenso alles übrige, was sein ist.» «Wer darum sich Christo nachbilden will als einem Vorbild, muß zuerst in festem Glauben fassen, daß Christus für ihn gelitten und gestorben als göttliches Zeichen. Gewaltig also irren die Leute, welche versuchen, sogleich mit Werken und Anstrengungen der Buße die Sünden zu tilgen und gleichsam mit dem Vorbild beginnen, wo sie mit dem göttlichen Zeichen ⟨des Leidens Christi⟩ anheben sollten» (WA 57 III 114, 13—19). Nach Luthers Deutung von Hebr. 10,19 sind Christi Tod und sein Eingang in die Herrlichkeit des Vaters Zeichen und Sakrament der Nachahmung Christi (*«significat et est sacramentum imitandi Christum»*, WA 57 III 222, 25). Der Tod Christi ist Gottes Zeichen der Abtötung der Konkupiszenz, ja ihres Todes, und sein Eingang in den Himmel ist Zeichen *(sacramentum)* «des neuen Lebens und des Weges, darauf wir nun das Himmlische suchen und lieben» (WA 57 III 223, 2 f.). Christus ist dementsprechend nicht nur Vorbild für unseren Hinübergang, für unser Pascha in das neue Leben, sondern Helfer, ja Fährmann. «Wer sich im Glauben auf ihn stützt, der wird auf Christi Schultern hinübergetragen» (WA 57 III 224, 13).

Diese Vorstellung vom Tode Christi als *sacramentum* und *exemplum* steht im engen Zusammenhang mit der vom fröhlichen Wechsel und kann wie diese nicht auf dem Boden der anselmischen Satisfaktionslehre, sondern nur der patristischen, wir können sagen mystischen Erlösungslehre verstanden werden.

Um die Tragweite dieses Rückgriffes auf die Vätertradition recht ermessen zu können, müßten wir uns die Christologie des Nominalismus in ihrer ganzen Dürftigkeit vorführen [32]. Doch dazu fehlt uns der Raum.

Luther wird nicht müde, immer wieder zu betonen, daß aller mora-

---

[31] WA 56, 321 f. Über die Taufe als Sterben mit Christus spricht Luther: WA 56, 324, 15—23; 56, 57 f., zu Röm. 6, 4; 56, 58, zu Röm. 6,8; 56, 327, 20; 56, 328, 11; 56, 64, 21; «Ita a lege literae nemo solvitur, nisi cum Christo moriatur per baptismum»; 56, 70, 25: «In Baptismate fit remissio omnium peccatorum» (56, 349, 24).

[32] Vgl. *E. Iserloh*, Gnade und Eucharistie in der philosophischen Theologie des Wilhelm von Ockham (Wiesbaden 1956) S. 27—43

lischen und äußeren Nachfolge des leidenden Christus die Besinnung auf das sakramentale, innere Sterben und Auferstehen mit ihm vorausgehen muß. Aus der Fülle der Belege sei hier nur eine Auswahl angeführt:

Nach den «Asterisci» gegen die «Obelisci» des Joh. Eck vom August 1518 ist das Leben Christi Sakrament, sofern er uns rechtfertigt im Geiste ohne uns, und Beispiel, sofern er uns mahnt, ähnliches zu tun und dazu mit uns wirkt [33].

Im Kommentar zum Galaterbrief von 1519 heißt es zu Gal. 2, 19 «Mit Christus bin ich gekreuzigt.»: «Augustin lehrt, daß die Passion Christi sowohl Sakrament als auch Beispiel ist. Als Sakrament bezeichne sie und schenke sie denen, die da glauben, den Tod der Sünde in uns, und als Beispiel müßten wir sie leiblich durch Leiden und Sterben nachahmen» (WA 2, 501, 34).

Daß Christus erst an uns handeln und seine Verheißungen an uns erfüllen muß, bevor wir ihm als unserem Vorbild nachfolgen können, drückt Luther im Anschluß an Gal. 3, 14 aus mit den Worten: «Nicht die Nachahmung macht zu Söhnen, sondern das Sohnwerden macht zu Nachahmern» (WA 2, 518, 16). Bloße Nachahmung läßt uns zu Affen werden, die nur äußerlich imitieren, in Wirklichkeit aber Affen bleiben.

Christus ist mehr als nur Beispiel, betont Luther in der Weihnachtspredigt von 1519; sonst wäre er ja nicht mehr als jeder Heilige. Er bewirkt in uns und schenkt uns das, wofür er Vorbild ist. Das meine er, bemerkt Luther, wenn er von *«sacramentaliter»* spreche. «Alle Worte, alle Geschichten des Evangeliums sind Sakramente *(sacramenta quaedam)*, d. h. heilige Zeichen, durch die Gott in den Glaubenden bewirkt, was diese Geschichten bezeichnen» (WA 9, 440, 2—5).

Luther schränkt den Begriff Sakrament als heilswirkendes Zeichen nicht auf die sieben Sakramente ein. Wenn er das Wort als Sakrament bezeichnet, will er aber den Sakramentsbegriff nicht aufgeben, im Gegenteil, an Taufe und Buße macht er deutlich, was die Sakramentalität des Wortes bedeutet (WA 9, 440, 6—19). Es ist auch nicht so, daß erst jetzt (1519) hinter der Bezeichnung *«sacramentum»* «das *sacrum signum efficax* der traditionellen Sakramentslehre» steht [34]. Auch in der Römer-

---

[33] «Daß in dieser Streitschrift gegen Eck erstmals das exemplum dem sacramentum nachgeordnet wird», wie W. Jetter, a. a. O. 149, behauptet, trifft nicht zu. Denn von Anfang an liegt der Argumentation Luthers zugrunde, daß das exemplum dem sacramentum sachlich und zeitlich folgt, und er betont, wie wir sahen, schon zu Beginn der Hebräerbrief-Vorlesung scharf, daß die Leute sich sehr irren, die mit dem exemplum statt dem sacramentum beginnen (WA 57 III 114, 17).

[34] W. Jetter, Die Taufe beim jungen Luther, S. 156

briefvorlesung zeigt sich, wie wir sahen, die scholastische Definition des Sakraments hinter Luthers Argumentation (WA 56, 296, 20 ff.; 51, 20 f.).

Sehr eindringlich und wiederholt betont Luther in der Weihnachtspostille (1522) zu Gal. 3,27, daß der äußeren, moralischen Nachfolge Christi die innere Gemeinschaft mit ihm vorangehen muß. Ich muß Christus anziehen, er muß mir zur Gabe geworden sein — statt *sacramentum* setzt er hier dessen Wirkung im Menschen *donum* —, bevor er Beispiel und Aufgabe für mich werden kann [35].

In seiner Spätzeit erläutert Luther das Schema *sacramentum et exemplum* vor allem in den Disputationen gegen die Antinomer. In der 5. Disputation von 1538 lautet These 50: «Wir wissen und sie haben es von uns gelernt, daß Christus für uns zum Sakramentum und Exemplum geworden ist» (WA 39 I 356, 35). In der 2. Disputation führt Luther aus: «Ihr wißt, daß Paulus meistens zwei Dinge zu verbinden pflegt, wie es auch Petrus tut (1. Petr. 2, 21). Zuerst, daß Christus für uns gestorben ist und uns erlöst hat durch sein Blut, um sich ein hl. Volk

---

[35] «Du sollst Christum, sein Wort, Werk und Leiden zweierlei fassen. Einmal als ein Exempel dir vorgetragen, dem du folgen sollst und auch also tun: ... aber das ist das Geringste vom Evangelium, davon es auch noch nit Evangelium heißen mag. Denn damit ist Christus dir nichts mehr nütz denn ein ander Heiliger. Sein Leben bleibt bei ihm und hilft dir noch nichts. Das Hauptstück und Grund des Evangelii ist, daß du Christum zuvor, ehe du ihn zum Exempel fassest, aufnehmest als eine Gabe und Geschenk, das dir von Gott gegeben ist und dein eigen sei, also daß, wenn du ihm zusiehst oder hörst, daß er etwas tut oder leidet, daß du nit zweifelst, er selbst, Christus, mit solchem Leiden und Tun sei dein, darauf du dich nit weniger mögest verlassen, denn als hättest du es getan, ja als wärest du derselbige Christus» (G. Buchwald, D. Martin Luthers Leben und Lehre, Gütersloh 1947, 103 = WA 10 I 1, 11, 1—18).

«Wenn du nu Christum also hast zum Grund und Hauptgut deiner Seligkeit, dann folgt das andre Stück, daß du auch ihn zum Exempel fassest, ergebst dich auch also deinem Nächsten zu dienen, wie du siehst, daß er sich dir ergeben hat. Siehe, da geht denn Glaub und Lieb im Schwang, ist Gottes Gebot erfüllt, der Mensch fröhlich und unerschrocken zu tun und zu leiden alle Ding. Drum siehe eben drauf: Christus als eine Gabe nährt deinen Glauben und macht dich zum Christen. Aber Christus als ein Exempel übt deine Werk. Die machen dich nit Christen, sondern gehen von dir Christen schon zuvor gemacht. Wie fern nu Gabe und Exempel sich scheiden, so fern scheiden sich auch Glaube und Werk. Der Glaube hat nichts eigenes, sondern nur Christus' Werk und Leben. Die Werk haben etwas eigenes von dir, sollen aber auch nit dein eigen sondern des Nächsten sein» (G. Buchwald, a. a. O. = WA 10 I 1, 12 f.). Vgl. Predigt vom 11. 12. 1524: «Christus solus donum est, alii sancti possunt esse exemplum. In eo quod donum est, praecedit alios omnes. Exemplum est ferrum, donum est aurum ... Non prohibeo Christum amplectendum pro exemplo, sed ut prius praecedat» (WA 15, 778, 2—8).

zu reinigen. Und so stellt er uns Christus vor als Gabe und Sakrament. Sodann stellen sie Christus als Beispiel vor, d. h. daß wir Nachahmer sein sollen der guten Werke» (WA 39 I 462, 14—463, 2).

Im großen Galaterkommentar von 1531 betont Luther, daß das Wort Gal. 2, 19 «Ich bin mit Christus gekreuzigt» nicht auf die Mitkreuzigung durch Nachahmung des Beispiels bezogen werden dürfe, sondern daß hier «von jener erhabenen Mitkreuzigung die Rede ist, durch welche Sünde, Teufel, Tod gekreuzigt wird in Christo, nicht in mir.» «Hier tut Christus allein alles; doch glaubend werde ich mit Christus gekreuzigt durch den Glauben, damit auch mir Sünde, Teufel, Tod usw. tot und gekreuzigt seien» (WA 40 I 280, 25—281, 20; vgl. WA 40 I 543, 34 f.; 540, 17 ff.).

Luther hat also das Augustinische Thema «*sacramentum — exemplum*» eindrucksvoll durchgehalten [36]. Gegen ein moralistisches Mißverständnis der Christusnachfolge betont er, daß sakramental, d. h. geistlich, gnadenhaft, verborgen an uns etwas geschehen muß, bevor wir dem Beispiel Christi entsprechend handeln können, daß Christus an uns wirksam werden muß, bevor wir mit ihm wirken können. Ich glaube, hiermit an einigen Beispielen gezeigt zu haben, wie Luther die Unio des Christen mit Christus als eine geistliche Wirklichkeit auffaßt. Sie vollzieht sich in der Personschicht, die vor allen Vermögen liegt und die die Mystik als Seelengrund bezeichnet hat, und sie vermag so den ganzen Menschen zu bestimmen. Sie wandelt nicht nur die Affekte, wie H. A. Oberman sagt, und ist erst recht keine bloße Gegebenheit des Bewußtseins. Wenn man sich klarmacht, daß ontologisch nicht dinghaft, materiell und nicht statisch bedeutet, braucht man auch keine Bedenken zu haben, von «onto-

---

[36] Auf die Kritik von Oswald *Bayer* (Promissio. Geschichte der reformatorischen Wende in Luthers Theologie, Göttingen 1971, 78 ff) kann hier nicht näher eingegangen werden. Wieso man bei Luther von einem «Schema» «sacramentum-exemplum» sprechen kann, bei Augustinus aber nicht, weil bei ihm die Formel vielleicht nur einmal vorkommt, ist nicht einzusehen. Daß bei mir die Geschichte des Schemas «völlig übersehen ist», ist angesichts meines in Anm. 26 zitierten Aufsatzes eine recht erstaunliche Behauptung. Der Vorwurf, ich hätte «ein ausgesprochen falsches — weil ungeschichtliches — Bild der Funktion des Begriffspaars in der Theologie Luthers gezeichnet» (Anm. 284), trifft mich nicht sehr hart angesichts der Feststellung, Luther selbst sei sich «seiner faktisch geübten Sachkritik am augustinischen Gedankengang nicht bewußt» gewesen und wo Bayer in der Tischrede (Tr V 216, Nr. 5526) «die eigentliche Pointe der Auffassung Luthers ausgezeichnet formuliert» sieht. Er scheint sich des Aussagewertes der Tischreden nicht bewußt zu sein. Der Schreiber der angeführten Tischrede hat jedenfalls Luther offensichtlich nicht mehr richtig verstanden.

logischer Umwandlung» zu sprechen [37]. Weiter scheint mir in dem Ausgeführten deutlich geworden zu sein, daß nach Luther die Iustitia Christi dem Christen nicht bloß äußerlich zugerechnet, sondern ihm innerlichst zu eigen wird, wie die Brautgeschenke der Braut zu eigen werden. Die *iustitia* ist *«aliena»*, das heißt, daß sie nicht aus dem Menschen kommt und nicht durch seine Kräfte erworben oder verdient wird, sondern von außen kommt, Christi Verdienst ist und dem Menschen aus reiner Gnade geschenkt wird [38], bedeutet aber nicht, daß sie uns fremd und äußerlich bleibt. Ob die Unterscheidung der Juristen zwischen Besitz *(possessio)* und Eigentum *(proprietas)* Luther bewußt war und sie uns zu einer näheren Fassung seiner Rechtfertigungslehre dienlich sein kann, müßte durch entsprechende Texte noch erwiesen werden [39]. Es ist aber durch obige Ausführungen wohl auch hinreichend deutlich geworden, weshalb Luther Gefallen hatte an den Predigten Taulers und der «Theologia deutsch» und im Gegensatz zur Scholastik seiner Zeit mit diesen Theologen eine gewisse Wesensverwandtschaft spürte. Sprechen wir hier aber von Mystik, dann mit noch mehr Recht bei Luther. Bedürfte das noch eines Beweises, dann brauchte man nur Luthers Sermo «De assumptione Beatae Mariae Virginis» (WA 4, 645—650) mit der Predigt 46 von Tauler zu vergleichen [40].

---

[37] Vgl. *Obermann,* Simul gemitus et raptus, S. 54.
[38] Vgl. die Einleitung zur Röm.-Vorlesung: WA 56, 158, 10—14 und den von Obermann a. a. O. S. 54 Anm. 128 zitierten Text: WA 39 I 109, 1—3
[39] Das hat Oberman in Anm. 128 und in seinem Aufsatz nicht getan. Luther spricht von «zu eigen werden», von «iustitia propria» und von iustitia als «possessio» in einer Weise, daß eine Unterscheidung von possessio und proprietas bei ihm mir nicht gegeben zu sein scheint.
[40] Die Predigten Taulers, hrsg. v. F. Vetter (Berlin 1910) 201—207

FÜNFTES KAPITEL

GRATIA UND DONUM, RECHTFERTIGUNG UND HEILIGUNG NACH LUTHERS «WIDER DEN LÖWENER THEOLOGEN LATOMUS»
(1521)

Um Luthers Auffassung von der bleibenden Sünde, der Rechtfertigung und der Heiligung, die ebenso zentral bei ihm wie strittig in der Forschung ist, zu eruieren, ist die Schrift «Wider den Löwener Theologen Latomus»[1] in besonderer Weise geeignet. Erstens ist sie aus einer Zeit, in der Luthers reformatischer Durchbruch zweifellos erfolgt ist. Zweitens steht sie diesem noch nicht allzu fern. Drittens präzisiert Luther seine Ansicht angesichts klarer und auch gedruckt vorliegender Einwände seiner Gegner. Viertens tut er das in einer bei ihm sonst nicht gewohnten Systematik: Neben «De captivitate» und «De servo arbitrio» gehört der Antilatomus zu den wenigen systematischen Schriften Luthers.

1. Die bleibende Sünde

Luthers Rede von der bleibenden Sünde ist auf dem Hintergrund des scholastisch nominalistischen Sündenbegriffs zu sehen. Gabriel Biel unterscheidet drei Schulrichtungen bezüglich des Verständnisses der Erbsünde:

---

[1] Von Melanchthon kurz «Antilatomus» genannt. Der Originaltitel lautet: «Rationis Latomianae pro Incendariis Lovaniensis Scholae Sophistis redditae Lutheriana Confutatio» (WA 8, 43; 128); deutsche Übersetzung von R. *Frick* im 6. Ergänzungsband zu «Martin Luther, Ausgewählte Werke», hrsg. von H. H. Borcherdt u. G. Merz (³1961). Dieser Übersetzung sind die angeführten Zitate meist entnommen. Von Fricks Einführung und Anmerkungen zu der Übersetzung abgesehen, ist zum «Antilatomus» wenig geschrieben. Vgl. R. *Hermann,* Zur Kontroverse zwischen Luther und Latomus, in: Luther und Melanchthon, Referate und Berichte des 2. Internationalen Kongresses für Lutherforschung, Münster 1960, hrsg. von V. Vajta (1961), 104—118; ders., Luthers These «Gerecht und Sünder zugleich» (²1960); M. *Schloenbach,* Glaube als Geschenk Gottes (o. J.). Zahlreiche Belegstellen aus anderen Lutherschriften trägt bei die stark schematisierende Studie von T. *Beer,* Die Ausgangspositionen der lutherischen und katholischen Lehre von der Rechtfertigung, in: Catholica 21 (1967), 65—84; Anregungen verdanke ich den Teilnehmern meines Seminars in Trier, Mainz und Münster, besonders Herrn V. Pfnür.

Nach der ersten Auffassung, die Petrus Lombardus im Anschluß an Augustinus vertreten hat, ist die Erbsünde eine Krankheit der Seele, nämlich das Laster der Konkupiszenz. Diese wird selbst nicht nachgelassen, sondern nur gemindert (II Sent d. 30 q 2 a 1, concl. 5 A).

Nach der zweiten Auffassung — ihre Vertreter sind Anselm von Canterbury und in dessen Gefolge Scotus, Ockham und Biel selbst — ist die Erbsünde das «Entbehren und Beraubtsein der ursprünglichen Gerechtigkeit, die man zu haben verpflichtet ist». Die Konkupiszenz ist damit faktisch verknüpft, sie macht aber nicht selbst das Wesen der Erbsünde aus, wie nach der ersten Meinung (a 2 concl. 5).

Die dritte, von Alexander von Hales, Thomas von Aquin und Bonaventura vertretene Auffassung nimmt eine vermittelnde Stellung ein, insofern das Fehlen der ursprünglichen Gerechtigkeit zwar formaliter das Wesen der Erbsünde ausmacht, die Konkupiszenz aber damit so innerlich verbunden ist, daß man sie als das Materialelement bezeichnen kann. Letzteres bleibt, wenn in der Taufe die Erbsünde durch das Geschenk der Gnade beseitigt wird. Die Konkupiszenz ist nicht selbst Sünde, führt aber als «Zunder» immer wieder zur Sünde, wenn der Mensch in sie einwilligt.

Luther ist der ersten Meinung. Er versteht die Konkupiszenz selbst als Sünde und nicht als Schwachheit und Unvollkommenheit, die erst durch die Einwilligung des Menschen zur Sünde wird. Für Luther ist «Sünde nichts anderes als das, was nicht nach Gottes Gesetz ist»[2]. Die Zustimmung des Willens nimmt er in seine Definition nicht auf. Ihm geht es um die «Verderbnis der Natur» (104, 23), um die gottwidrige

---

[2] WA 8, 83, 28; vgl. 104, 27 f.; 113, 31 f.; 117, 28; 125, 25 f. (Ich zitiere den «Antilatomus» mit Seite und Zeile der WA, Bd. 8.) Wenn Luther in dieser Weise «Sünde» definiert und die Einwilligung nicht einbezieht, dann kann man fragen, ob seine Auffassung dem Tridentinum widerspricht (vgl. Denzinger 1515 [792]), wonach durch die Taufe alles hinweggenommen wird, was «das wirkliche und eigentliche Wesen der Sünde ausmacht». Daß der «reatus peccati» nachgelassen wird, lehrt auch Luther, und daß Paulus die Konkupiszenz Sünde nennt, gibt auch das Konzil zu; allerdings nicht Sünde im eigentlichen Sinne — dazu bedarf es der Einwilligung —, aber Sünde, insofern sie «aus der Sünde stammt und zur Sünde geneigt macht» bzw. gegen das Gesetz Gottes gerichtet ist, wie Luther sagt. Sie ist «materialiter» Sünde und wird «formaliter» durch die Einwilligung. Luther sagt, wie wir unten sehen werden, sie ist beherrschte Sünde und herrschende, verdammliche Sünde durch die Einwilligung. Es ist heute Zeit, von den theologischen Formeln weg auf die Sache zu schauen und zu fragen, ob die Unterschiede so groß und trennend sind, wie es scheint, oder ob es nur um Nuancen geht, wie sie zwischen verschiedenen theologischen Schulen immer bestehen werden, ja müssen weil die eine Wahrheit nicht adäquat zu fassen ist.

Grundhaltung, nicht um ein Werk. Sünde «ist Name nicht eines Werkes, sondern eines Standes und umfaßt das Bemühen des ganzen Lebens» (125, 38 f.). Wie schon im Römerbrief polemisiert Luther gegen den Nominalismus, gegen «die siebenmal verfluchte Theologie der neuen Richtung» (55, 1 f.), die für ihn «die Synagoge des Satans» (54, 18) ist. Nach ihr bedarf der Mensch an sich der Gnade nicht, um die Gebote Gottes zu erfüllen, um Gott über alles zu lieben, sondern nur weil Gott es so festgesetzt hat. Nicht «hinsichtlich ihres tatsächlichen Vollzugs», sondern nur «hinsichtlich der Absicht des Gebietenden ist die Gnade erforderlich» (54, 3 ff.). «Summa, das Gesetz ist bei ihnen erfüllt, und sie brauchen, wie gesagt, keine Gnade, es sei denn aus einer obendrein hinzukommenden göttlichen Forderung» (105, 29 ff.; vgl. WA 56, 274, 16 ff.). Ist aber die Gnade nur eine äußere Bedingung, ein von Gott willkürlich gefordertes Verdienstmoment, dann ist auch ihr Fehlen, als das die Erbsünde definiert wird, kein wirklicher Mangel am Menschen, sondern nur eine Bestimmung zur Strafe. Ist diese weggenommen, dann bleibt im Menschen nichts zurück. Ähnlich ist es bei der Tatsünde. Ist der Akt vorbei, bleibt nichts in der Seele zurück, was dem Heil des Menschen im Wege steht, als die Verschuldung «zur Strafe» (reatus poenae).

Für Luther ist die Sünde dagegen ein doppeltes Übel, ein äußeres und ein inneres. Sie hat eine doppelte Wirkung. Denn sie stört das Verhältnis zu Gott und verdirbt den Menschen. Sünde ist gemäß der Heiligen Schrift nicht so sehr die einzelne Tat, Diebstahl, Betrug, Verleumdung oder Mord, sondern die allem Tun vorausliegende Zuständlichkeit. «Und ich weiß nicht, ob Sünde in der Schrift jemals genommen wird für jene Werke, die wir Sünde nennen. Mir scheint nämlich, daß sie gewöhnlich jenen wurzelhaften Sauerteig so nennt, dessen Frucht die schlechten Werke und Worte sind» (104, 4—7). Deshalb ist es mit der Verzeihung der Sünde, d. h. mit der Huld Gottes, nicht getan, sondern muß die Erneuerung des Menschen gleichzeitig vonstatten gehen. Diese erfolgt aber nicht im Augenblick, sondern in einem langsamen Gesundungsprozeß. Entsprechend hatte Luther in der Römerbriefvorlesung die scholastischen Theologen getadelt, die «erträumen, die Erbsünde wie die Tatsünde würden gänzlich weggenommen, gleichsam als ob sie etwas seien, was in einem Augenblick weggebracht werden könne» (WA 56, 273, 4 ff.), und er hatte sich auf Augustinus berufen, wonach in der Taufe die ganze Sünde vergeben werde «nicht so, daß sie nicht da wäre, aber so, daß sie nicht zugerechnet werde».

In der Assertio von 1520 wendet Luther sich gegen das Verständnis der Sünde als bloßer Strafbestimmung und entsprechend der Rechtfertigung als bloßer Aufnahme in die Huld Gottes, d. h. gegen ein Verständnis von Sünde und Gnade als bloßer Beziehungen ohne seinshaften Grund im Menschen: «Sie erdichten, der *reatus* sei ein Bezug zwischen Gott und dem Sünder, durch den dieser zur Strafe bestimmt wird. Es ist ein Unrecht der Gnade Gottes gegenüber, wenn gelehrt wird, daß sie nur diesen phantastischen Bezug hinwegnimmt, da doch, wie die Schrift spricht, die Gnade Gottes uns erneuert, verändert und in neue Menschen umwandelt von Tag zu Tag, und da doch die Sache ernsthaft zu verhandeln ist, nicht durch das Wegnehmen von Beziehungen, sondern durch Änderungen des Wesens und des Lebens» (7, 109, 14—21). In «Wider Latomus» spricht Luther vom «Wahngebilde der Schuldverhaftung und Anrechnung zur Strafe» (87, 36). Er wehrt sich dagegen, die Folge der Sünde in einer juristischen Strafverhaftung und nicht in einer Verkehrung und Depravierung des Menschen zu sehen. Nach Luther kann man nicht sagen: «es ist da keine Schuldverhaftung, keine Schuldverpflichtung, also ist da keine Sünde» (118, 17 f.). Auch nach dem Nachlaß der Sünden bleibt die Sünde als den Menschen bestimmende Macht. Die «wurzelhafte» Sünde muß noch in langer Bußbemühung ausgetrieben, innerlich aufgearbeitet werden. In der Taufe sind zwar alle Sünden «ganz vergeben, aber noch nicht alle vernichtet. Denn wir glauben, daß die Vergebung aller Sünden geschehen ist ohne Zweifel, aber wir haben auch täglich zu tun und warten darauf, daß auch geschehe die Vernichtung aller Sünden und ihre vollständige Ausräumung. Und diejenigen, die daran arbeiten, die tun gute Werke» (96, 7—11). Luther versteht die bleibende Sünde, «jene gesamte Verderbnis der Natur in allen Gliedern» (104, 27 f.), so sehr als eine Zuständlichkeit, als ein Sein, das allem Tun und aller Beziehung vorgeordnet ist, daß er das Wort Substanz auf sie anwenden kann. Ihrer Substanz, nicht ihrer Auswirkung nach bleibt die Sünde [3] «Denn ganz dieselbe Bewegung des Zornes und der Begierde ist im Frommen und im Gottlosen, dieselbe vor der Gnade und nach der Gnade..., aber im Kraftfeld der Gnade vermag sie nichts» (91, 37 ff.), wie ein gefesselter Räuber keinen Schaden stiften kann. Die Taufe nimmt alle Sünden weg nur hinsichtlich ihrer Kräfte, aber «nicht hinsichtlich der Substanz». Was diese angeht, bleibt ein Rest, der von Tag zu Tag immer mehr abzutragen ist (93, 3—6; 88, 25—28). Wohl bestimmt die Wurzelsünde (105, 14) das Tun des Gerechtfertigten mit, weshalb seine guten Werke nie ohne Sünde sind und er weiter der

---

[3] «Ita peccatum in nobis post baptismum vere peccatum est naturaliter, sed in substantia, nec in quantitate, nec qualitate, nec actione, in passione vero totum» (91, 35 ff.). Luther will hier von Substanz reden nicht im Sinne des Aristoteles, sondern des Quintilian (88, 15 f.), d. h., ihn interessiert nicht das non-in-alio-Sein, sondern das Wesen im Unterschied zur Qualität.

Barmherzigkeit Gottes bedarf: «Alle deine Werke sind befleckt und unrein wegen des Teiles in dir, der Gott entgegen ist» (96, 4 f.). Aber diese Befleckung durch die Sünde wird nicht zugerechnet. Die Barmherzigkeit Gottes «hält dich, als seiest du ohne Sünde, nur daß du fortfährst, das zu töten, was schon verdammt und von ihm ganz nahe an den Tod gebracht ist» (93, 10 ff.).

Betont Luther dem Nominalismus gegenüber, daß Sünde und Gnade nicht bloße Beziehungen, nicht lediglich äußere, das Sein des Menschen nicht eigentlich tangierende Umstände sind, dann gibt er sich Latomus und den, so können wir sagen, Vertretern der Via antiqua gegenüber nicht damit zufrieden, die von der Sünde hervorgerufene Verderbnis der Natur, die nach der Taufe übrigbleibende Konkupiszenz, bloß «Schwachheit, Strafe, Unvollkommenheit, Fehl» (89, 19 f.) und nicht mit Paulus wirklich Sünde zu nennen. Luther, für den Sünde all das ist, was gegen das Gesetz Gottes ist, wehrt sich, den Sündenbegriff analog zu nehmen und wirft Latomus vor: «Ihr habt eine Unterscheidung im Begriff der Sünde erfunden» (102, 38). Der Löwener Theologe hatte nämlich eine vierfache Verwendung des Wortes peccatum in der heiligen Schrift unterschieden:

1. Als Sünde wird ihr Urheber, der Teufel, bezeichnet;
2. Als ihre Wirkung oder Strafe ist die Konkupiszenz Sünde, die im Getauften zurückbleibt und die neue Sünde bewirkt, wenn man ihr zustimmt [4].
3. Als Opfer für die Sünde konnte auch Christus für uns zur Sünde werden und als solche bezeichnet werden.
4. Von Sünde im eigentlichen Sinne ist aber erst zu reden, wenn der freie Wille in eine unerlaubte Sache einwilligt. Auch für Latomus ist die Konkupiszenz etwas, was gegen Gottes Gesetz ist — so hatte Luther die Sünde definiert —, denn er bezeichnet sie als res illicita, er könnte sie materialiter als Sünde bezeichnen. Formaliter ist dagegen von Sünde nur zu sprechen bei der Zustimmung des freien Willens. «Denn nicht, wer für die Sünde geopfert wird, sündigt, noch wer für seine Sünde gerechte Strafe erduldet noch der, in dem die Konkupiszenz und ihre Regungen am Werke sind, sondern nur, wer in die unerlaubte Sache einwilligt» [5].

---

[4] «Item concupiscentia remanens in baptisatis, vel motus eius iuxta Augustinum dicitur peccatum, quod peccatum faciat in sibi consentientibus» («Articulorum Doctrinae Fratris M. Lutheri per theologos Lovanienses damnatorum ratio» [Antwerpiae 1521]!, e I^v).

[5] «Non enim, quod pro peccato offertur peccat, neque qui patitur iustam pro suo poenam eo ipso peccat, neque is in quo est concupiscentia aut motus eius peccat, nisi adhibeat consensum in rem illicitam» (Latomus, ebd.).

Luther wehrt sich gegen diese unterschiedliche Bedeutung von Sünde und betont: «Zweifle nicht daran, daß das Wort Sünde in der Heiligen Schrift nicht auf vielerlei, sondern auf eine und eine ganz schlichte Weise verstanden wird, und laß dir das auch nicht durch die vielgeschwätzigen Sophisten ausreden» (83, 26 ff.). Er macht aber selbst Unterschiede, z. B. den von Tatsünde und von bleibender Sünde, Rest- oder Wurzelsünde. Vor allem unterscheidet er die herrschende Sünde von der beherrschten, untergetretenen und unterworfenen Sünde. Um letztere handelt es sich bei der «Restsünde», über die Luther das Streitgespräch mit Latomus führt. Wenn Luther sie auch in Wahrheit als Sünde gewertet wissen will, so ist sie doch «durch die Taufe in uns gefangen, gerichtet und völlig geschwächt, daß sie nichts vermag, und dazu wird geboten, daß sie gänzlich zu vernichten ist» (91, 24 f.). Diese beherrschte Sünde führt nicht zur Verdammung, «es ist keine verdammliche Sünde» (100, 4 f.; vgl. 115, 34). Diese seine von Paulus übernommene Unterscheidung von herrschender und beherrschter Sünde setzt Luther gleich mit der von Todsünde und läßlicher Sünde: «Aber auch die Sophisten sind gezwungen zuzugeben, daß ein anderes die läßliche und ein anderes die Todsünde ist. Und wenn sie auch versichern, die läßliche Sünde schade nicht, beherrsche nicht, verdamme nicht, so nennen sie sie doch eine ganz wahre im eigentlichen Sinn des Wortes und bilden darum nicht eine Sünde anderer Art und Natur, weil jene tödlich, diese läßlich ist, sondern versichern, daß beide ein Abfall von Gottes Gesetz und im Widerspruch mit Gottes Gesetz sind. Und ich meinerseits fordere nichts anderes, als daß sie mir erlauben, auf diese Weise Sünde zu nennen jenen Rest, der nach der Taufe bleibt wie sie selbst die läßliche, die der Barmherzigkeit bedürfe und ihrer Natur nach schlecht und ein Fehl sei» (96, 24—31). Die Zustimmung macht die beherrschte Sünde zur herrschenden, d. h. zur Todsünde [6]. «Wenn du ihr zustimmst, so hast du schon bewirkt, daß sie herrscht und dich ihr dienstbar gemacht und eine Todsünde begangen»

---

[6] Die Selbstverständlichkeit und Unbefangenheit, mit der Luther den consensus-Begriff des Augustinus recipiert, macht R. Hermann sehr zu schaffen. Er sieht hier eine «beständige Gefahr für das protestantische Schibboleth: cum Deo non potest agi» (Luthers These, 165). Es kann eben nicht sein, was nach seinem lutherischen Vorverständnis nicht sein darf. «Ist das nicht wieder jener Zug krampfhaft-asketischen Bestrebens, den wir in der consensus-Theorie Augustins aufzuzeigen suchten? Wir wissen ja, daß es nicht der Fall sein kann!» (A. a. O., 159) Was heißt «krampfhaft asketisches Bestreben»? Der Gerechtfertigte steht in der Gnade und, indem er sich an Christus hält, kann er die bleibende Restsünde in sich niederhalten, daß sie ihn nicht beherrscht. Das geschieht im agere cum Deo, der das Wollen wie das Vollbringen in uns wirkt.

(96, 31 f.). «Denn das eben ist das ganze gute Werk, daß die Sünde in uns ist, und wir kämpfen mit uns selbst, daß sie nicht herrsche und wir ihren Lüsten nicht gehorchen» (95, 27 ff.). An sich könnte Gottes Gerechtigkeit fordern, «daß solcher Kampf nicht in uns sei, denn von Anfang her hat Gott uns nicht so geschaffen» (95, 29 ff.), aber in seiner Barmherzigkeit rechnet er uns diese Restsünde nicht an: Er hat «Barmherzigkeit und Vergebung allen verheißen, wenigstens denen, die diesem Teil nicht zustimmen, sondern gegen ihn kämpfen und sich bemühen, ihn zu vernichten» (95, 33 ff.). Die Nicht-Anrechnung bezieht sich also nicht auf die herrschende, sondern auf die beherrschte, verdammte und beständig ausgetriebene Sünde (92, 41 b).

Wenn man von der polemischen Sprache absieht und auf die Sache schaut, dann sind die Auffassungen von Luther und Latomus gar nicht so gegensätzlich, wie es scheint. Beide sehen den Menschen auch nach der Taufe noch bestimmt von einem Existential, das zur Sünde treibt und dem der Mensch nur im Kraftfeld der Gnade gewachsen ist. Für Latomus ist dieses negative Existential, als das wir die Konkupiszenz bezeichnen können, Sünde, insofern es Folge und Strafe der Sünde ist und zur Sünde treibt. Luther will es aber im eigentlichen Sinne Sünde genannt wissen als dem Gesetz Gottes widerstreitend. Es ist aber eine beherrschte Sünde, die nicht angerechnet wird und nicht zum Tode führt, solange der Mensch in sie nicht einwilligt. So entschieden Luther gegen die Nominalisten auftritt, die die Sünde nur juristisch als Strafverfallenheit verstehen und den Menschen von ihr nicht in seinem Sinn betroffen sehen, so sehr kann er seinen Standpunkt dem des Latomus annähern: «So nämlich sagen sie ganz wahr, daß jene Gnadensünde — ich will es einmal fröhlich so nennen — wirklich niemanden schuldig macht, nicht verdammt, nicht schadet und wirklich nichts gemein hat mit der Sünde außerhalb der Gnade. Sage nicht auch ich meinerseits eben dies, Latomus? Was ist denn bei mir für ein Frevel, wenn wir in diesem Ergebnis zusammenkommen, daß wir beide behaupten, diese Art Sünde, wie ich, oder Schwachheit, wie du es nennst, habe nichts Verderbliches in sich?» (102, 5—10).

---

7 WA 56, 318, 24 ff.: «Illud ‹in gratia unius› de personali gratia Christi intelligitur, respondetur ad peccatum proprium et personale Adae, ‹donum› autem ipsa iustitia nobis donata.» Damit erledigt sich die Behauptung von M. Schloenbach (a. a. O., 11): «In seiner Römerbriefvorlesung von 1515 findet sich diese Unterscheidung (d. h. von Gnade und Gabe) noch nicht.» Wenn es dort bei Luther weiter heißt: «‹Gratia Dei› et ‹donum› idem sunt sc. ipsa Iustitia gratis donata per Christum», so hält er damit die Unterscheidung aufrecht, betont aber Christus als den einen Ursprung von beidem. Das ist im «Antilatomus» nicht anders.

2. Die Rechtfertigung

Ist die Sünde für Luther ein doppeltes Übel, dann bedeutet die Rechtfertigung ein doppeltes Gut. Durch das Gesetz kommen wir zur Erkenntnis der Sünde, d. h. der Verderbnis unserer Natur als des inneren und des Zornes Gottes als des äußeren Übels. Dagegen predigt das Evangelium ein doppeltes Gut, «die Gerechtigkeit Gottes und die Gnade Gottes» (105, 39). Dem äußeren Übel, dem Zorn Gottes, der Schuld, entspricht das äußere Gut, d. i. die Gnade, die Gunst Gottes, die Vergebung, das Leben, der Frieden, dessen Frucht das fröhliche Gewissen ist; und dem inneren Übel, der Verderbnis der Natur, der Strafe, dem wurzelhaften Sauerteig, dem Zunder, der Wurzel-Sünde, deren Frucht die schlechten Werke sind, entspricht das innere Gut, d. i. die Gerechtigkeit, der Glaube, die Gesundheit als innerste Wurzel der guten Werke. Wie in der Römerbriefvorlesung[7] bezeichnet Luther gemäß Röm. 5, 15 «So ist vielmehr Gottes Gnade und Gabe vielen reichlich widerfahren», das äußere Gut als die Gnade und das innere Gut als die Gabe. «Wir haben also zwei Güter des Evangeliums wider die zwei Übel des Gesetzes, die Gabe für die Sünde, die Gnade für den Zorn» (106, 35 ff.). «Wie nun der Zorn ein größeres Übel ist als die Verderbnis der Sünde, so ist die Gnade ein größeres Gut als die Gesundheit der Gerechtigkeit»[8]. Die Formel von der doppelten Gerechtigkeit aus dem gleichnamigen Sermon von 1519 (WA 2, 145—152) verwendet Luther im «Antilatomus» nicht. Das damit Gemeinte ist in die Unterscheidung von *gratia* und *donum* eingegangen. Unter Gerechtigkeit ist die uns zu eigen gewordene Gabe verstanden. Diese «in uns angefangene Gerechtigkeit» (111, 31) «fließt aus» und «hängt an» der Gerechtigkeit Christi, um deretwillen wir in der Gnade oder Huld Gottes stehen.

Ist der Zorn das äußere Übel, dann «die Gnade Gottes das äußere Gut» (106, 22). «Gnade verstehe ich hier im eigentlichen Sinne als Gunst Gottes, wie es verstanden werden muß, nicht als Eigenschaft der Seele (qualitas animi)» (106, 10 f.), sondern als Relation. Als solche hat sie, wie Luther später einmal sagt, ein Minimum an Sein, aber ein Maximum an Kraft (WA 40 II 421, 20—24). Zu sagen, Luther verwende «im Bereich der gratia, d. h. der ersten Gerechtigkeit, mechanische Ausdrücke»[9], trifft den Sachverhalt nicht. Im Gegenteil, Luther bedient sich vorzüglich

---

[8] 106, 16. Angesichts der Tatsche, daß Luther klar die ira als das größere Übel und die gratia als das größere Gut hinstellt, ist es unverständlich, wie R. Hermann (Luthers These, 84) sagen kann, daß nicht «von einem Wertvorrang zwischen donum und gratia zu reden ist».

[9] *T. Beer,* Die Ausgangspositionen (s. o. Anm. 1), 70.

solcher Begriffe, die das neue personale Verhältnis durch Christus zu Gott bezeichnen: «Huld», «Fürsprache», «in Christus sein», «zu Christus drängen», «unter seinen Flügeln geborgen sein», «von ihm auf den Schultern getragen sein» usw. Das «Fundament» dieser neuen Beziehung zu Gott auf seiten des Menschen ist das *donum* bzw. die Gerechtigkeit und der Glaube. Diese sind das geringere Gut, haben weniger Kraft als die *gratia,* sind aber seinshaft, teilbar und vermehrbar. Als das innere Gut überwinden sie langsam das innere Übel, die bleibende Sünde. Wie die Verderbnis der Natur die innerste Wurzelsünde (radicale peccatum occultissimum: 105, 15) ist, so ist die *iustitia i. e. fides Christi* die innerste Wurzel (intima radix), deren Früchte gute Werke sind (106, 5 f.). Während Zorn und Gnade unteilbar sind, gibt es bei der Wurzelsünde und bei der Gabe ein Mehr oder Weniger. Wie die Wurzelsünde nach und nach ausgetrieben wird, können Glaube und Gerechtigkeit wachsen und immer mehr Gewalt über mich bekommen. «Denn wen Gott in Gnaden annimmt, den nimmt er als Ganzen an, und wem er Gunst schenkt, dem schenkt er ganze Gunst. Wiederum, wem er zürnt, dem zürnt er ganz. Denn er teilt diese Gnade nicht, wie er die Gaben teilt»[10]. Zorn und Huld Gottes schließen sich aus, damit auch Schuld und Gnade, aber nicht Sünde bzw. Strafe und Gabe. «Wem er keine Gunst schenkt (cui non favet), dem versagt er als Ganzem die Gunst, und doch straft er ihn nicht als Ganzen. Wahrlich, der eine bleibt mit der Sünde eines einzigen Gliedes doch als Ganzer unter dem Zorn, und der andere bleibt mit der Gabe eines einzigen Werkes doch als Ganzer unter der Gnade. Darum muß man, wie gesagt, Gnade und Gaben weit voneinander scheiden, denn allein die Gnade ist das ewige Leben (Röm. 6, 23), und allein der Zorn ist der ewige Tod» (107, 9—12). Gnade und Gabe unterscheiden, heißt aber nicht, daß sie voneinander zu trennen sind. Wenn Luther betont, daß die Gnade das höhere Gut ist und niemand nicht lieber «auf die Gesundheit der Gerechtigkeit verzichten wollte als auf die Gnade Gottes», dann setzt er hinzu: «wenn das geschehen könnte» (106, 17 ff.). Der Gerechtfertigte hat beides, Gnade und Gabe (107, 13—16). Auf Grund der Gnade ist er als Person von Gott angenommen, und sind ihm die Sünden vergeben. Es wäre «ganz gottlos zu sagen, der Getaufte sei noch in Sünden, oder: es seien nicht alle Sünden vollständig vergeben ... wo Gott doch in ganzer Huld den

---

[10] 107, 2 ff. Damit betont Luther ausdrücklich, was seiner ganzen Argumentation und seinen Bildern zugrunde liegt, daß nämlich das donum teilbar ist und ein Mehr oder Weniger zuläßt. Damit erweist sich die Behauptung von M. Schloenbach, daß «das donum selbst nicht als teilbar gedacht» sei, als unzutreffend (a. a. O., 8, Anm. 13).

Menschen annimmt und heiligt» (107, 17 ff.). Das bedeutet aber nicht, daß der Gerechtfertigte auch schon geheilt ist von der Sünde als Verderbnis der Natur, als gottwidriger Zuständlichkeit. «Es ist alles vergeben durch die Gnade, aber es ist noch nicht alles geheilt durch die Gabe» (107, 21). Gemäß dem Gleichnis vom Barmherzigen Samariter wurde der Gerechtfertigte «auf einmal aufgenommen», was nicht heißt, daß er «auf einmal geheilt» wurde (109, 28 f.). Somit gibt es einen Fortschritt [11], insofern kraft des *donum* die Sünde immer mehr ausgeräumt wird und die Genesung unter der Hand Christi, des Arztes, ihren Fortgang nimmt.

Die Heilung geht erst langsam vonstatten mit Hilfe der Gabe. «Die Gabe aber ist eingegossen, der Sauerteig ist (unter das Mehl) gemengt und ist am Werke, die Sünde auszufegen, die schon der Person vergeben ist» (107, 22 f.). Daß der Mensch als Person in der Gunst Gottes steht, in Gnaden angenommen ist, schließt nicht aus, daß er seiner Natur nach noch von der Sünde belastet ist. Diese gottwidrige Zuständlichkeit, die immer wieder in der aktuellen Sünde Gewalt über den Menschen bekommen kann, will Luther — darum geht ja der Streit mit Latomus — als «wirklich und der Natur nach Sünde» bezeichnet wissen. Es ist aber «eine Sünde ohne den Zorn, ohne das Gesetz, eine tote Sünde, eine unschädliche Sünde» (107, 24 ff.), eine begnadete Sünde, weil der Mensch als Ganzer und nicht nur, soweit er kraft der Gabe von der Sünde geheilt ist, in Gottes Huld steht. Der Mensch kann sich zwar nicht seiner Reinheit rühmen, um so mehr «rühme er sich der Gnade und Gabe Gottes, daß er einen gnädigen Gott hat, der diese Sünde nicht zurechnet und obendrein seine Gabe gegeben hat, um sie damit auszufegen» (108, 4 ff.).

Von den beiden Übeln des Gesetzes besteht demnach bezüglich des Gerechtfertigten nur noch das innere, die Verderbnis der Natur, nicht mehr das äußere, der Zorn Gottes. Die Verderbnis der Natur ist zwar Sünde, wird aber als solche nicht angerechnet. An sich verdient sie den

---

[11] Auch hier tut sich R. Hermann ungemein schwer, der Auffassung Luthers wirklich gerecht zu werden. Für Luther ist Fortschritt ein «Maßbegriff» — wir werden im Ausräumen der Sünde Christus mehr und mehr gleichgestaltet — und nicht vor allem ein «Zeitbegriff» (a. a. O., 239). Fortschreiten ist auch mehr als «beten lernen» (a. a. O., 243); es tut sich für Luther durchaus «in einem Abnehmen des Bösen kund» (a. a. O., 274). Sonst würden die Bilder vom barmherzigen Samariter und der Genesung des in die Herberge Aufgenommenen, vom Sauerteig und der Morgendämmerung gar nicht passen. R. Hermann geht auf den Doppelcharakter der Sünde nicht ein und weiß deshalb auch die zwei Güter des Evangeliums, Gnade und Gabe, Rechtfertigung und Heiligung, nicht hinreichend zu würdigen.

Zorn Gottes, aber da Gott den Menschen als Ganzen in seine Huld aufgenommen hat, schaut er über sie hinweg. Der Mensch bedarf demnach weiter der Barmherzigkeit Gottes und hat keinen Grund, sich vor ihm zu rühmen. «Also nicht darum ist nichts Verdammliches in ihnen..., weil sie nicht sündigen — oder daß keine Sünde in einem guten Werke sei. Sondern weil sie ... in Christo Jesu sind und nicht wandeln nach dem Fleische» (114, 32—35).

Mit der Vergebung der Sünden kraft der Gnade allein ist es nicht getan, sie ist jedenfalls kein Abschluß. Es bedarf weiter dauernder Buße, als der «Umwandlung der Verderbnis und der beständigen Erneuerung», die das Werk des Glaubens und der Gabe Gottes ist und das ganze Leben dauert. «So lange wir leben, müssen wir Buße tun und uns erneuern, daß die Sünde ausgetrieben werde» (109, 13 f; 17 f.). Es hilft nichts, die Einzelsünden zu bekämpfen, wenn man nicht den «Zunder der Sünde auslöscht, aus dem jene sich entwickeln ... und das geschieht durch die Gabe des Glaubens» (110, 3 f. 6.). Diese ist uns zu eigen, mit ihr können wir zusammenwirken, während die Gnade *extra nos* ist und bleibt. Hinsichtlich der Mitwirkung mit dem *donum* drückt Luther sich sehr unbefangen aus. Wir haben die Restsünde auf «eigene Faust» (nostro marte) auszutilgen. Der Endsieg ist uns allerdings erst beschieden am Ende der Tage. «So haben wir unsererseits, nachdem wir in das Reich des Glaubens gerufen sind, durch die Gnade der Taufe das Reich der Sünde in unserer Gewalt, all seine Kräfte sind zerschlagen, nur daß in den Gliedern die Reste blieben, die dawider murren und ihres vernichteten Geschlechts Geist und Natur vertreten, die müssen wir auf eigene Faust austilgen — es wird aber vollends geschehen, wenn unser David, nachdem sein Reich gefestigt ist, gesessen ist auf dem Throne seiner Herrlichkeit» [12].

---

[12] 89, 6—10. Kurz vorher spricht Luther von einigen Resten, die auszutreiben noch unsere Sorge wäre («reliquias quasdam, quae nostra demum cura sint exterminandae», 88, 38 f.). Diese Unbefangenheit fehlt M. Schloenbach. In dem Bestreben, zu sichern, daß Glauben Werk Gottes ist und das Wirken aus dem Glauben nicht ohne ihn geschieht, tut er sich schwer, die Mitwirkung des Gerechtfertigten herauszustellen. Durch die falsche Alternative «ungeschenkte Eigenleistung» — «Werk Gottes» verstellt er sich zunächst und immer im etwas, «was Gott im Menschen ausrichtet» (a. a. O., 19), aber in der Gnade auch um etwas, das der Mensch vor Gott tut. Allwirksamkeit Gottes bedeutet nicht Alleinwirksamkeit. Das muß Schloenbach auch zugeben, wenn er sagt — aber nicht realisiert —, daß der Glaube «ein personales und mit Aktivität begabtes Instrument» (a. a. O., 43) und daß Glauben nicht «in erster Linie mein Tun» (a. a. O., 41) sei.

Diese Ausführungen Luthers scheinen mir deutlich zu machen, wie einseitig Luthers Rechtfertigungslehre vielfach dargestellt wurde, wie stark dagegen äußere und innere Rechtfertigung oder, wenn man so will, Rechtfertigung und Heilung unterschieden und zugleich miteinander verbunden werden müssen. Auch das *simul iustus et peccator* wird von hier aus verständlich. Der Gerechtfertigte ist als Person ganz von Gott angenommen, steht in der Huld Gottes. Aber noch liegen in ihm die beiden Naturen, Fleisch und Geist, miteinander im Streit. Die Gnadengabe, Glaube und Gerechtigkeit, ist als neue Wirklichkeit im Menschen angelegt und ist dabei, die alte Lebensmacht der Sünde langsam auszutreiben. Diese ist gefesselt und wird nicht angerechnet. Auch wenn sie nach außen hin noch in Erscheinung tritt, hat sie in Wirklichkeit keine Macht mehr, weil der Mensch als Person von Gott angenommen ist und mit dem Herzen ihm dient. So sind die Gerechtfertigten «heilswürdige Heuchler (hypocritae quidam salutares), denn mit dem Fleische dienen sie der Sünde und sind böse, nach dem, was vor Augen liegt, aber gut in Wahrheit» (125, 42 f.). Die Sünde ist nur mehr eine Teilwirklichkeit am Menschen, betrifft aber doch den ganzen Menschen, so daß er als Sünder zu bezeichnen ist. So wie ein Mensch verwundet ist, auch wenn nur ein kleiner Finger verletzt ist. «Du hast ihn verletzt, wenn du auch nur ein winziges Glied an ihm beschädigt hast... Ebenso liegt es hier: (die Sünde nach der Taufe) ist nicht deswegen nicht im eigentlichen Sinne Sünde, weil sie nicht den ganzen Menschen tötet, verdammt und dem Zorn unterwirft» (120, 10—13). Es gibt kein Zugleich von Zorn und Gnade — das hieße die Widersprüchlichkeit in Gott tragen — wohl ein Zugleich von Gabe, d. h. von Glaube und Gerechtigkeit, und von Sünde, ein Zugleich von Geist und Fleisch im Menschen. «Die Sünde macht, daß er fleischlich ist, aber nicht unter dem Zorn, weil die Gnade und der Zorn nicht zuhauf kommen, sich auch nicht gegenseitig bekämpfen, auch nicht der eine über den anderen herrscht, wie das die Gabe und die Sünde machen» (119, 17 ff.).

Wie schon in der Römerbriefvorlesung [13] macht Luther das *simul iustus et peccator,* das Miteinander von fleischlichem und geistlichem

---

[13] WA 56, 343, 18—23; «Sic enim fit communio Ideomatum, Quod idem homo est spiritualis et carnalis. Iustus et peccator, Bonus et malus. Sicut eadem persona Christi simul mortua et viva, simul passa et beata, simul operata et quieta etc. propter communionem Ideomatum, licet neutri naturarum alterius proprium conveniat, Sed contrariissime dissentiat, ut notum est.» Diese Argumentation zeigt, daß es nicht geht um zwei Personen, nicht um zwei «Iche», auch nicht um Person- oder Subjektwechsel, sondern um zwei Naturen, deren Träger die eine Person ist. Ähnlich geht es beim «fröhlichen Wechsel» und bei der Ehe der Seele mit Christus — beides von Luther viel benutzte Veran-

Menschen, deutlich an der hypostatischen Union. Wie hier die eine Person Träger zweier Naturen ist und ich von der Person aussagen kann, was strenggenommen nur von einer Natur gilt, so ist der Gerechtfertigte auch Fleisch und Geist zugleich. Er kann als Sünder bezeichnet werden, obwohl das nur von einer Teilnatur gilt, die dazu noch gefesselt ist und dank der Wirksamkeit der anderen Natur nicht nur nicht zur Auswirkung kommt, sondern auch nach und nach an Kraft verliert. «Denn wer von Sünde und Gnade, von Gesetz und Evangelium, von Christus und dem Menschen christlich handeln will, der muß schier nicht anders als von Gott und Mensch in Christus handeln. Dabei muß er sorgsamst darauf achten, daß er beide Naturen mit all ihren Besonderheiten von der ganzen Person aussagt, und doch muß er sich hüten, daß er dieser nicht zuschreibt, was einfach Gott oder einfach dem Menschen zukommt» (126, 23—27). Wie vom inkarnierten Gott kann man von der eingesündigten (impeccatificatum) Gnade oder Gabe reden und in Entsprechung zum vergotteten Menschen von der begnadeten Sünde (peccatum gratificatum). Wenn Luther nun fortfährt: «darum ist wegen der Gabe und wegen der Gnade die Sünde nicht mehr Sünde» (126, 31 f.), versteht er die hypostatische Union vielleicht monophysitisch, insofern die eine Natur die andere nicht zur Auswirkung kommen läßt. Um so weniger bedeutet dann aber das *simul iustus et peccator* kontroverstheologisch eine Schwierigkeit. Denn welcher Heilige hat sich nicht als «Sünder» bezeichnet? Das nicht nur deshalb, weil er gelegentlich eine Tatsünde begeht, sondern weil er in sich das Schwergewicht der Schichten seines Selbst spürt, die noch nicht von dem neuen Leben in Christus erfaßt sind und diesem entgegenwirken. Vorausgesetzt ist dabei allerdings ein Menschenbild, das den Menschen nicht personalistisch überfordert, als wenn er sich in seinen Entscheidungen total selbst in den Griff bekäme, er vielmehr in der Gestreutheit seiner Leibgeistigkeit sich im Selbstvollzug nie völlig einholt und es Schichten, Antriebe und Begierden gibt, die seiner Freiheitsverfügung vorausliegen und nicht voll in sie integriert werden [14].

---

schaulichungen der Rechtfertigung — um Austausch der Naturen bzw. Güter, nicht um Austausch der Personen, wohl um engste Personengemeinschaft. Das scheint mir T. Beer in dem oben angeführten Aufsatz (vgl. Anm 1) nicht genügend zu beachten. Freilich ist Luthers Terminologie vielfach — weniger im «Antilatomus» — reichlich sorglos. So kann er z. B. in der Hebräerbriefvorlesung (1517/18) sagen, Christus sei «zugleich sterbliche und unsterbliche Person» gewesen; er fährt aber fort: «durch die Menschheit nämlich dem Tode unterworfen» (WA 57 III 129, 10), womit deutlich wird, daß er die «Naturen» meint.

[14] *J. B. Metz,* LThK² II, 108—112

3. «Der Glaube ist nicht genug»

Weil Glaube und Gerechtigkeit in uns erst angefangen haben, weil die Sünde noch nicht ausgetrieben, sie, zwar gefesselt, in uns lebt und wir von keinem Werke sagen können, es sei ohne Sünde, kann der Mensch, auf sich gestellt, nicht bestehen, hat er keine Sicherheit. Selbst Paulus muß bekennen: «Ich bin mir nichts bewußt, aber darin bin ich nicht gerechtfertigt» (1. Kor. 4, 4). «Wir brauchen aber Gewißheit», meint Luther. Die haben wir nicht ein für allemal in der Rechtfertigung, weder in der Gabe, d. h. in Glaube und Gerechtigkeit, noch in der Gnade, sondern nur in der lebendigen Gemeinschaft mit Christus. Ganz abgesehen davon, daß das *donum* in uns die Sünde noch nicht voll ausgeräumt hat und in uns der Rest geblieben ist, der sich den Zorn Gottes verdiente, ist die Gabe, sind Glaube und Gerechtigkeit nicht etwas in sich Ruhendes, keine von ihrem Ursprung loszulösenden Kräfte. Sie sind von Christus geschenkt und nur lebendig in Rückbeziehung auf ihn. «Denn obgleich er durch die Gabe des Glaubens uns gerechtfertigt hat und durch seine Gnade uns günstig gesonnen ist, so hat er doch gewollt, wir sollten, um nicht (ruhelos) umherzuirren in uns selbst und in diesen seinen Gaben (!), uns auf Christus stützen, daß auch nicht jene Gerechtigkeit, die in uns angefangen ist, uns genug sei, wenn sie nicht an Christi Gerechtigkeit hange und aus ihm fließe» (111, 29—32). Der Seelsorger Luther sieht den Gerechtfertigten in der Gefahr neuer Selbstgerechtigkeit: Ist es das Wesen «jener tief verborgenen Wurzelsünde» (105, 14), sich auf ein kreatürliches Gut zu stützen, statt «allein in Gott» «Vertrauen, Gefallen und Rühmen zu haben» (105, 16 f.), dann kann der Mensch auch von dem *donum* der Rechtfertigung solch «bösen Gebrauch» (105, 14) machen. Der Gerechtfertigte muß wissen, daß er weiter der Barmherzigkeit Gottes bedarf, weil noch nicht alle Sünde ausgefegt ist und sein Glaube und seine Gerechtigkeit keinen Selbstand haben, sondern nur in und mit Christus lebendig sind [15]. So sehr die Gerechtigkeit als Gabe *intra nos* ist, so wenig darf sie als Eigengut festgehalten werden, sondern muß *extra nos* auf Christus hin realisiert werden. «Ein Tor, der meint, nachdem er einmal die Gabe empfangen, sei er schon befriedigt und sicher ... Wir müssen von Tag zu Tag mehr

---

[15] Man ist versucht, auf Gabe und Gnade die scholastischen Begriffe *gratia creata* und *gratia increata* anzuwenden und zu betonen, daß die *gratia creata* um der *gratia increata*, um der Gottesgemeinschaft willen geschenkt und ohne diese unsinnig ist. Jedenfalls ist es eine oberflächliche und am Wort haftende Betrachtung zu sagen, Thomas von Aquin sei «an einer Unterscheidung von Gnade und Gabe nicht ernsthaft interessiert» (M. Schloenbach, a. a. O., 14).

in Christus hineingerissen werden, dürfen nicht stillestehen in dem, was wir empfangen haben, sondern müssen vollends in Christus umgestaltet werden» (111, 32—35). Rechtfertigung ist für Luther mystische Gemeinschaft mit Christus, «dessen Gerechtigkeit (allein) gewiß und beständig ist» (111, 35). Das Bild von der Ehe der Seele mit Christus steht dahinter, wenn Luther es als «Hurerei» bezeichnet, sich auf den einmal empfangenen Glauben zu stützen, statt sich Christus hinzugeben [16].

Gerechtigkeit und Glaube sind nicht nur Gaben, die durch und von Christus kommen, sondern die auf ihn hin, ja in ihn hineindrängen, «daß er uns in sich selbst hineinziehe und umgestalte und gleichsam in das Verborgene stelle» (111, 37 f.). Christsein kann Luther so auf die Kurzformel bringen: «Siehe: durch ihn in ihn hinein» (112, 5 f.). «Deshalb ist der Glaube nicht genug (d. h. Glaube als Wissen oder als eine in sich ruhende Haltung des Menschen), sondern (nur) der Glaube, der sich unter den Flügeln Christi birgt und in seiner Gerechtigkeit sich rühmt» (112, 2 f.). «Der Glaube der Sophisten», von dem man erwartet, daß er als einmal empfangene Gabe (von sich aus) wirke, ist nicht genug; «sondern das ist erst Glaube, der dich zum Küchlein und Christus zur Henne macht, unter deren Flügeln du Hoffnung findest» (112, 8 f.) [17].

---

[16] 112, 9 ff. Daß hier und im folgenden ein Mystiker redet, kann nur bestreiten, wer in einem protestantischen Vorurteil Mystik bei Luther von vornherein ausschließt. So R. Hermann: «Es ist gewiß ein Neu- und Anderswerden mit Christus. Aber es ist keine Christusmystik, sondern ein Sich-Bergen bei ihm, der uns anstatt der ira die Gnade Gottes verbürgt» (zur Kontroverse zwischen Luther und Latomus, 108). Als wenn das «Sich-Bergen» bei Christus Mystik ausschlösse. Die von Luther zitierte Stelle aus dem Hohenlied: «Meine Taube ist in den Felslöchern, in den Steinritzen» (Hhld. 2, 4; WA 8, 115, 16 f.), ist ein Topus classicus der mystischen Literatur seit Bernhard von Clairvaux. Vgl. oben Luther und die Mystik. — Zu der Verlegenheit, in die R. Hermann sich versetzt sieht angesichts von Luthers Formulierungen wie «in illum nos rapi de die in diem magis voluit, non in acceptis consistere, sed in Christum plane transformari» (111, 33 ff.), vgl. ders., Luthers These, 280.

[17] Wenn Luther so stark betont, daß der Glaube der Sophisten nicht genügt, sondern nur der Glaube als Christusgemeinschaft, dann ist zu fragen, ob er nicht das fordert, was mit fides caritate formata gemeint ist. Die Formel hat er als maledictum vocabulum zeit seines Lebens von der Vorlesung über den Römerbrief (WA 56, 337, 18) bis hin zum Großen Galater-Kommentar 1531/1535 (WA 40 I 239; 422, 12; 167, 18 ff.) energisch abgelehnt. Wir müssen aber die Spitze von Luthers Polemik kennen. Sie richtet sich gegen die «Sophisten», gegen die Lehre der nominalistischen Theologen, daß man ex puris naturalibus Gott über alles lieben könne (WA 1, 225, 3). Wäre die Liebe nämlich etwas, wozu der Mensch aus sich fähig ist, dann wäre wiederum ein Werk entscheidend, der Mensch könnte «ein und derselbe bleiben, statt ganz

Nur wenn man so «Gnade und Gabe in der Gnade Christi hat» (114, 14 f.), kann einem die bleibende Sünde nichts anhaben, wandelt man nicht nach der Sünde oder dem Fleisch, d. h. stimmt man der Sünde nicht zu, die man in Wahrheit noch hat. Luther betont somit die Lebensmacht der Sünde in uns, noch mehr aber die rettende Gnade, durch die uns die Sünden vergeben sind und wir als Person ganz in die Huld Gottes aufgenommen sind. Nicht weniger preist er die Macht der uns zu eigen gewordenen Gabe, von Glaube und Gerechtigkeit. Diese sind aber nur wirksam zur Ausräumung der Restsünde in Verbindung mit der Gnade. Die Gabe ist nur heilsam in Rückbeziehung auf den Geber. Sie ist eine der zwei «allerstärksten und aufs beste gewappneten Festungen», die uns Zuversicht geben, daß die Sünde in uns nicht zur Verdammung wird. Sie ist aber die zweite Festung, die nur «in der Kraft der ersten» etwas bedeutet. Die erste, das firmamentum principale, ist «Christus selbst als Sühnopfer (Röm. 3, 25), daß die Christen unter seiner Gnade sicher seien, nicht weil sie glauben oder den Glauben und seine Gabe haben, sondern weil sie (beides) in der Gnade Christi haben. Denn keines Glaube würde bestehen, wenn er sich nicht auf Christi eigene Person stützte... Die andere Festung ist die, daß sie (die Christen), da sie die Gabe empfangen haben, nicht mehr nach dem Fleische wandeln und der Sünde nicht gehorchen» (114, 16 ff. 20 f. 28 f.). Beides, das *extra nos* der Gnade und das *intra nos* der Gabe, die zusammen die Rechtfertigung ausmachen, will Luther in engerem Zusammenhang gesehen wissen, als es ihm darzustellen gelingt. Die Gabe fließt aus der Gnade. Diese umfaßt den ganzen Menschen. Dieser kann andererseits wieder nur in Gottes Wohlgefallen stehen trotz der Sünde, weil die Gabe, d. h. Glaube und Gerechtigkeit begonnen haben, die Sünde auszufegen (107, 32). Die Gabe wiederum muß in die Gnade einmünden. Der Glaube darf «nicht jene absolute, vielmehr obsolete Qualität in der Seele sein» (114, 23) und bei sich selbst bleiben. Der wahre Glaube «läßt sich nicht von der Gnade Christi abtreiben», wissend darum, daß keiner verdammt werden kann, «der sich so auf Christus geworfen hat» (114, 24).

---

und gar zu sterben und ein anderer zu werden» (WA 56, 337, 19 f.). Von fides caritate formata zu reden ist deshalb «teuflisch und führt weg von Christus dem Mittler und vom Glauben, der Christus ergreift» (WA 40 I 422, 12), heißt auf die opera legis (40 I 436, 8 f.) bauen. Luther schreibt dem rechtfertigenden Glauben zu, was mit fides caritate formata gemeint ist. «Auch wir nehmen eine Qualität und eine formale Gerechtigkeit im Herzen an, nicht Liebe wie die Sophisten, sondern Glauben; jedoch so, daß das Herz nichts anderes sieht und ergreift als Christus, den Erlöser» (40 I 232, 23—26). Vgl. *P. Manns*, Fides absoluta — Fides incarnata, in: Reformata Reformanda. Festgabe für Hubert Jedin, hrsg. von E. Iserloh u. K. Repgen, I (1965), 265—312.

Christus wiederum «heilt durch den Glauben und führt in die Gnade Gottes zurück» (109, 31). In der Gnade als der unteilbaren Huld Gottes ist der Mensch sich selbst voraus, weil die Gabe ihn noch nicht voll ergriffen hat, sie muß noch austreiben, was schon verdammt und nachgelassen ist (93, 20). Die *iustitia coepta* (111, 31) muß vollendet werden. Die Rechtfertigung ist damit nichts Vorläufiges, das von der Heiligung sozusagen zu überholen wäre, wohl aber ist sie einzuholen. *Gratia* und *donum* müssen immer mehr zur Deckung kommen. Insofern gibt es einen echten Fortschritt, kann der Mensch, der ganz in der Huld Gottes steht, doch immer tiefer in Christus hineingezogen und ihm gleichgestaltet werden. Die Dynamik der Auffassung, wie sie in Wendungen Luthers zum Ausdruck kommt, daß wir von Tag zu Tag mehr in Christus hineingerissen werden müssen, nicht stillestehen dürfen bei dem, was wir empfangen haben, sondern vollends in Christus umgestaltet werden müssen (111, 33 ff.), macht einer lutherischen Theologie, die die effektive Rechtfertigung nicht hinreichend ernst nimmt und die das *simul iustus et peccator* dialektisch und damit letztlich statisch auffaßt, zu schaffen [18].

Gerade weil Luther den Christen davor bewahren will, «in der empfangenen Gabe sicher» zu werden und so die «Gnade Christi billig und Gottes Barmherzigkeit zu einer leichten Sache zu machen» (114, 41), muß er betonen, daß das Christsein fortwährend Tätigkeit und Einübung durch den Heiligen Geist ist. Später, in seiner Vorlesung über den 51. Psalm (1532), sagt er: «Aber wir lehren und glauben anders (als die Sophisten) von der Gnade, nämlich daß die Gnade eine dauernde und fortwährende Tätigkeit oder Übung sei, durch die wir fortgerissen und getrieben werden vom Geiste Gottes, damit wir nicht ungläubig seien gegenüber seinen Verheißungen und damit wir denken und wirken, was Gott angenehm ist und gefällt. Der Geist ist nämlich eine lebendige

---

[18] Als Beispiel sei R. Hermann angeführt, der dazu schreibt: «An einem kritischen Punkt steht unsere Erwägung hier insofern, als die gnädige Huld und das Geschenk des Glaubens ja keinesfalls auf eine Stufe des Vorläufigen hinabsinken dürfen. Das tun sie aber, wenn sie durch ein plane transformari in Christum etwa abgelöst werden oder auch nur ihre Erfüllung finden sollten. Und das würde dann der Fall sein, wenn ein rapi de die in diem magis in illum der Weg dazu wäre. Dann käme es doch zu der Steigerung: Rechtfertigung: Das ist bloß der Anfang. Tägliches Hineingezogenwerden in Christum, das ist erst das Christenleben! Und ein plane transformari, ein völliges, sei es Identisch-Werden mit ihm, sei es Seine-Gestalt-Annehmen, ist Gottes Wille mit uns!? Ist das wirklich Luthers Meinung? Wenn wir seine Worte genau das bedeuten lassen, was sie sagen, so kann es nicht so gemeint sein» (Luthers These, 280).

Wirklichkeit (res), keine tote, wie auch das Leben niemals müßig ist»
(WA 40 II 422, 27—31).

Wenn wir von der theologischen Formulierung weg auf die gemeinte Sache schauen, werden die kontroverstheologischen Differenzen vielfach unerheblich, jedenfalls viel geringer als die polemische Sprache den Eindruck erweckt.

Sechstes Kapitel

LUTHER IN KATHOLISCHER SICHT GESTERN UND HEUTE

Wenn von einer Epoche der Geschichte, dann gilt von der Reformation, daß sie nicht schlechthin vergangen ist, sondern in die Gegenwart hineinreicht. Die Reformation geht uns nicht nur an, weil sie Anlaß wurde zur Glaubensspaltung, die wir alle beklagen, sondern vor allem, weil sie Auftrag an uns ist. Geschichte ist ja nicht schlechthin Vergangenes, sondern Vergangenheit, die in die Gegenwart hineinreicht. Jede Zeit ist noch nicht abgeschlossen, sie ist noch offen für eine Zukunft und kann eine weitere Sinnanreicherung aber auch eine weitere Sinnverfehlung erfahren. Ja, sie kann in einen ganz neuen Sinnzusammenhang hineingehoben werden. Sicher wird sich an der Zahl und dem Inhalt von Luthers Ablaßthesen vom 31. Oktober 1517 nichts mehr ändern, und wenn er sie damals öffentlich angeschlagen hätte, wäre das auch heute noch wahr. Aber was das alles für einen Sinn gehabt hat, darüber ist noch nicht das letzte Wort gesprochen, das hängt auch von uns ab.

Diese Gegenwartsbezogenheit der Reformation macht die Beschäftigung mit ihr für den Historiker so erregend und so interessant. Hier liegt aber auch die große Gefahr, nämlich die, daß wir mit unseren Vorstellungen und unseren Maßstäben an die Vergangenheit herantreten und das, was wir als den Geist der Zeit zu begreifen meinen, doch nur unser eigener Geist ist. Die evangelischen Christen müssen sich deshalb bemühen, Luther in seiner Zeit zu sehen, ihn zu verstehen aus der Situation des Spätmittelalters, geprägt von der spätscholastischen nominalistischen Theologie, die er gleichzeitig aufs schärfste bekämpft hat. Sie müssen realisieren, daß Luthers Kritik sich richtet gegen die vortridentinische Kirche, die eine recht unzureichende Darstellung des Katholischen war. Damit müssen sie sich bewußt bleiben, daß man Luthers Kritik an der Kirche seiner Zeit nicht ohne weiteres gegenüber der heutigen Kirche aufrecht erhalten und wiederholen darf. Die Katholiken dürfen Luther nicht beurteilen im Lichte der heutigen Theologie nach dem Zweiten Vatikanischen Konzil, sondern müssen ihn sehen vor dem Horizont seiner Zeit, die innerkirchlich gekennzeichnet ist durch eine weitgehende theologische Unklarheit, wie Joseph Lortz immer wieder betont; sonst könnte Luthers leidenschaftlicher Kampf als gegenstandslos, frevelhaft, ja dumm erscheinen.

Die deutsche Reformation ist zutiefst geprägt von Person und Werk Martin Luthers. Sie wäre wohl auch ohne ihn gekommen, doch so, wie sie Wirklichkeit wurde, trägt sie seine Züge. Damit ist sie getaucht in das Geheimnis der menschlichen Person. Ist schon jedes Individuum etwas Unaussprechbares, dann sicher Luther, «dieses Meer von Kräften, von Trieben, Erkenntnissen und Erlebnissen» (Joseph Lortz). Dabei ist das Interesse für Luther sehr unterschiedlich. Im Augenblick ist es auf katholischer Seite anscheinend größer als auf evangelischer. Lutherische Theologen klagen in aller Offenheit über die «Luthervergessenheit» unserer Tage. Der Protestantismus neigt immer mehr dazu, die Reformation von der Person Luthers zu trennen. Dagegen sieht die katholische Forschung weiter die Interpretation der Reformation engstens gebunden an das Urteil über die Person Luthers. Damit kommt unserem Thema mehr als bloß historisches Interesse zu.

Wenn das Bild des Reformators bis heute umstritten ist, dann nicht nur und nicht einmal in erster Linie deshalb, weil das Urteil über seine Person und sein Werk geknüpft ist an die Glaubensentscheidung über den Wahrheitsanspruch der Reformation, Luther für den einen der Held des Glaubens und für den anderen der Häretiker und der Zerstörer der kirchlichen Einheit ist; nein, in Luther selbst liegt der Grund für die Schwierigkeit, Person und Werk zu erfassen und wahrheitsgemäß darzustellen. Wir haben eine Fülle von Schriften Luthers und von Selbstzeugnissen über sich und sein Wollen. Allen diesen Äußerungen fehlt zwar nicht der innere Zusammenhang, und seine Fragen sind im Grunde alle von ganz wenigen Gesichtspunkten aus gestellt, doch Luther hat uns nicht, wie etwa *Calvin* in seiner «Institutio christianae religionis», in einem systematischen Werk eine Gesamtdarstellung seiner Theologie hinterlassen; dafür war er viel zu sehr vom Erlebnis und von der Polemik des Augenblicks her bestimmt. Seine Werke sind Gelegenheitsschriften, Vorlesungen, Disputationen und Predigten; dazu hat er vom Mönch zum Reformator eine tiefgehende Wandlung erfahren. Bei seiner stark erlebnisgebundenen Art vermochte er dann, frühere Phasen seiner Entwicklung im Rückblick nicht mehr vorurteilsfrei zu erfassen. So hat er selbst einen weitgehenden Anteil am Entstehen einer Lutherlegende, die erst in den letzten Jahrzehnten, dank der gelehrten Kleinarbeit von Männern wie Otto Scheel [1], Stück für Stück abgebaut wurde.

Das macht es schwer, die Vielfalt seines Wesens und den Reichtum seines Werkes zu erfassen und läßt ihn vielfach als schwankend und

---

[1] Martin Luther. Vom Katholizismus zur Reformation, 2 Bde (Tübingen ³1921/1930)

widersprüchlich erscheinen. Schon sein katholischer Zeitgenosse und Gegner Johannes Cochlaeus hat vom «Lutherus septiceps», vom siebenköpfigen Luther, gesprochen und hat versucht, ihn durch sich selbst zu widerlegen. Aber auch der evangelische Theologe kommt an dieser Vielschichtigkeit, ja Widersprüchlichkeit Luthers nicht vorbei. Wenn der evangelische Forscher Heinrich Böhmer mit viel Recht sagen konnte: «Es gibt so viele Luthers, als es Lutherbücher gibt»[2], dann liegt das nicht nur daran, daß die verschiedenen Betrachter entsprechend der Theologie und Frömmigkeit ihrer Zeit sich ein Bild des Reformators geschaffen haben, das mehr ein Abbild ihrer eigenen geistigen Physiognomie war, vielmehr bringen die Vielfältigkeit und Vielschichtigkeit von Luther selbst die Möglichkeit und Gefahr mit sich, jeweils eine Linie und ein Thema des Reformators isoliert herauszuarbeiten und als den ganzen Luther auszugeben. So hat man einseitig die sogenannte forensische Rechtfertigung d. h. die bloße Gerechterklärung auf Kosten der von Luther sicher auch vertretenen inneren Erneuerung betont. Oder man hat seine Worttheologie als das eigentliche bei ihm bezeichnet, sein Festhalten am Sakrament dagegen als Inkonsequenz, als im Grunde nicht bewältigten katholischen Rest hingestellt. Oder man hat Luther in seinem trotzig verwegenen Aufbegehren gegen Papst und Konzil als grundsätzlichen Revolutionär verstanden und dann die Entwicklung zur Gemeindegründung besonders zur Volks- und Landeskirche als Abweichen vom eigentlichen protestantischen Ansatz aufgefaßt. Nach dieser Deutung wäre das Wort Schleiermachers «die Reformation geht weiter» als legitime Interpretation von Luthers Anliegen und der Neuprotestantismus als dessen konsequente Fortsetzung anzusehen. Dann wäre aber die Lutherische Orthodoxie des 16. und 19. Jahrhunderts, wenn sie auch noch so sehr dem Inhalt nach Luther für sich anführen kann, als Verfälschung seines Erbes zu betrachten. So kann man, was das protestantische Lutherbild angeht, von «Luther in den Wandlungen seiner Kirche» sprechen. Das ist der treffende Titel eines Buches von Horst Stephan[3].

1. Das katholische Lutherbild im Banne des Cochlaeus

Das katholische Lutherbild ist dagegen durch alle Jahrhunderte hindurch bis an die Schwelle unserer Zeit ziemlich konstant geblieben. Es stand «im Bann der Lutherkommentare des Cochlaeus», wie der Paderborner

---

[2] Luther im Lichte der neueren Forschung (Leipzig 1906, ⁵1918) S. 5
[3] Berlin ²1951

Kirchenhistoriker Adolf Herte in einem dreibändigen Werk nachgewiesen hat [4]. Johannes *Cochlaeus* hatte in den 30er Jahren des 16. Jh. ein zwar durchaus den Tatsachen entsprechendes, aber einseitig polemisches Lutherbild konzipiert. Erst 1549, drei Jahre nach dem Tod des Reformators, hat er sein Werk unter dem Titel «Kommentare zu den Taten und Schriften Martin Luthers»[5] veröffentlicht. Nach diesem Kampfbild war Luther für die Katholiken 400 Jahre hindurch ausschließlich der Häretiker, der durch seine Irrlehren unzählige Seelen ins Verderben gestürzt hat, der Zerstörer der Einheit der Kirche, der Demagoge, der vom Bauernkrieg angefangen Elend und Not über Deutschland und die Christenheit gebracht hat. Unter dem Eindruck dieses Verhängnisses, das über die Kirche und die Christenheit gekommen war und für das er Luther allein die Schuld zuschob, war Cochlaeus allein auf Abwehr eingestellt. Für Fragen nach der Sache, nach dem möglichen Recht vieler Anklagen und Anliegen Luthers, nach der möglichen Wahrheit vieler seiner Lehren blieben weder Kraft noch Wille übrig. Neue Chancen für die Kirche vermochte er in Luthers Werk nicht zu sehen.

Johann Adam *Möhler* hat zu Beginn des 19. Jahrhunderts in dieses einseitig dunkle Bild hellere Töne eingetragen. Er rühmte an Luther die kraftvolle Frömmigkeit und gestand zu, daß die Fülle seiner erhabenen Gedanken die Kirche hätte erbauen können, wenn nicht Luther selbst durch seine Anmaßung und Demagogie ihre Einheit zerrissen hätte [6].

Doch Möhlers Ansatz zu einer Revision des Lutherbildes fand keine Weiterführung. Die Verschärfung des konfessionellen Gegensatzes in Deutschland seit der Mitte des 19. Jahrhunderts wirkte sich auch hier aus. Selbst Ignaz Döllinger, der wegen des Dogmas von der Unfehlbarkeit des Papstes der Kirche später den Rücken kehrte, ist diesem Trend erlegen, ja er hat ihn noch gefördert. So hat erst die Geschichtswissenschaft des ausgehenden 19. Jahrhunderts, deren oberstes Gebot Objektivität und Quellentreue war und der im Bereich des Katholizismus die Görresgesellschaft Geltung verschafft hat, auch in der Lutherforschung eine Wandlung gebracht. Bahnbrechend ist hier vor allem der Würzburger Kirchenhistoriker Sebastian *Merkle* (1862—1945) gewesen [7]. Ihn

---

[4] *A. Herte,* Das Katholische Lutherbild im Banne der Lutherkommentare des Cochlaeus, 3 Bde. (Münster 1943)
[5] Commentaria de actis et scriptis Martini Lutheri (1549)
[6] *J. A. Möhler,* Kirchengeschichte, hrsg. v. Pius Gams OSB, III (Regensburg 1868) S. 100—108
[7] Seine Aufsätze «Wiederum das Lutherproblem», «Luthers Quellen», «Das Lutherbild in der Gegenwart», «Gutes an Luther und Übles an seinen Tad-

trug zwar noch keine bewußt ökumenische Haltung. Er wollte aber Luther, den er «ziemlich eindeutig für nur antikatholisch» [8] hielt, historische Gerechtigkeit widerfahren lassen und seine gute Absicht anerkennen. Er sah es als Aufgabe des Psychologen und Historikers an, Luther, der «objektiv unrecht hatte», «subjektiv zu verstehen» [9]. Wie wenig man dazu in den breiten Schichten des Volkes und Klerus bereit war, bewies zu Beginn des Jahrhunderts der Prozeß Beyhl-Berlichingen in Würzburg, in den Merkle hineingezogen wurde. Damals hatten von dem Jesuiten Freiherr Adolf von Berlichingen herausgegebene «popularhistorische Vorträge über Reformation-Revolution und Dreißigjährigen Krieg» (1902) durch falsche Behauptungen und Übertreibungen die konfessionellen Leidenschaften erregt und eine Gegenschrift des protestantischen Lehrers Beyhl mit dem Titel «Ultramontane Geschichtslügen» nach sich gezogen. In dem daraus entstandenen Prozeß wurde Sebastian Merkle als der Kirchenhistoriker am Ort als Sachverständiger herangezogen. Er bezeichnete des Jesuiten Berlichingen Behauptungen über Luther als falsch und sprach ihm jede wissenschaftliche Schulung ab. Dieses Gutachten erregte in katholischen Kreisen Ärgernis, wurde als Dolchstoß in den Rücken der katholischen Sache empfunden. Man wollte nicht wahrhaben, daß diese nicht durch Merkle, sondern durch Berlichingen geschädigt worden war und es not tat, durch das klare Bekenntnis der Wahrheit die katholische Geschichtsforschung über jeden Zweifel zu erheben.

Im Jahr dieses Prozesses (1903) erschien das große Lutherwerk des langjährigen Unterarchivars am Vatikanischen Archiv, des Dominikaners *Heinrich Denifle*: «Luther und Luthertum» (Mainz 1903—06). Dieses Werk schlug wie eine Bombe in die Lutherverehrung des 19. Jahrhunderts. Es ist keine Biographie, sondern bietet eine Reihe von gelehrten Untersuchungen über die zwei Problemkreise: «Die Entwicklung Luthers zum Reformator» und «Luther und die Scholastik». Von bleibendem Wert an diesem in seinem Ton sehr zeitbedingten Werk ist die dogmengeschichtliche Seite. Denifle hat eindrucksvoll hingewiesen auf Luthers Herkunft aus der nominalistisch geprägten Spätscholastik. Wenn er ihm freilich vorwarf, daß er Thomas v. Aquin nicht gekannt, bzw. ihn wie

---

lern», «Zu Heinrich Denifle, Luther», jetzt in: Sebastian Merkle, Ausgewählte Reden und Aufsätze, hrsg. v. *Th. Freudenberger* (Quellen und Forschungen zur Geschichte des Bistums und Hochstifts Würzburg 17) Würzburg 1965

[8] *Joseph Lortz*, Sebastian Merkle, in: S. M. Ausgewählte Reden u. Aufsätze (s. Anm. 7) S. 86

[9] «Das Lutherbild der Gegenwart», ebd. S. 226

Augustin und Bernhard mißverstanden hat, was bei dem streitbaren Tiroler gleichbedeutend mit Fälschen ist, dann berücksichtigte er nicht genügend den besonderen Denkstil der Spätscholastik und das Neue in Luther. Sebastian Merkle hat zu Denifles Methode treffend bemerkt: «Einem Nichtdominikaner von damals [d. h. Luther] vorwerfen, daß er Thomas nicht kenne und ihm nicht folge, wäre ebenso absurd erschienen, wie wenn man einem Baumeister der Barockzeit die Befähigung für seinen Beruf hätte absprechen wollen, weil er nicht im gotischen Stile baue» [10].

Was Luthers Frühentwicklung angeht, hat Denifle die evangelische Forschung gezwungen, die Selbstaussagen des späten Luther zu überprüfen und ihn mehr aus seinen katholischen Voraussetzungen heraus zu begreifen. Das hat in vielen Arbeiten auf evangelischer Seite, vor allem in dem großen Werk von Otto Scheel, «Martin Luther, Vom Katholizismus zur Reformation», seine Früchte getragen [11].

Dieser unbestreitbaren wissenschaftlichen Bedeutung von Denifles Werk stehen aber entgegen seine ungezügelte Sprache, sein gehässiges Übelwollen gegen den Reformator, an dessen Person er nur Schattenseiten finden konnte, dessen Rechtfertigungslehre und Kampf gegen die Mönchsgelübde nur in persönlicher sittlicher Verkommenheit ihre Wurzel gehabt haben sollten, bei dem nur Lüge, Fälschung und Verleumdung festzustellen und dem die bona fides in jedem Fall abzusprechen war. Kurz, «das Buch Denifles war eine moralische und wissenschaftliche Hinrichtung des abgefallenen Augustiners durch den treugebliebenen Dominikaner» [12]. In einer vielbeachteten, von den Zeitgenossen vielfach nicht verstandenen Rezension von 1904 tadelte Merkle den Ton des Werkes, wies aber gleichzeitig auf die Bedeutung des Inhalts hin.

Die Grobheiten Denifles hat der Jesuit Hartmann *Grisar* in seinem dreibändigen Werk «Luther» (1911/12) und in seiner einbändigen Lutherbiographie «Martin Luthers Leben und Werk» (1926) vermieden. Er weiß auch gelegentlich gute Seiten von dem Reformator zu berichten und räumt mit vielen Lutherlegenden aus beiden Lagern auf. Er rückt mehr die psychologische als die dogmatische Seite in den Vordergrund, ja unternimmt eine psychopathologische Lutherdeutung. So ausführlich Grisar Luther behandelt und so stichhaltig durchweg seine Nachweise sind, so wenig hat er das Eigentliche an Luther in den Griff bekommen:

---

[10] Ebd. S. 206
[11] Vgl. Anm. 1
[12] *H. Jedin*, Die Erforschung der kirchlichen Reformationsgeschichte seit 1876 (Münster 1931) S. 22

das Religiöse. Ja er leugnet die religiösen Motive, entdeckt nirgends bei ihm wahre Frömmigkeit. Damit bleibt er bei aller bewundernswerten Gelehrsamkeit an der Oberfläche. Immerhin konnte Merkle Grisars Werk als einen Fortschritt über Denifle, erst recht über die katholische Lutherbeurteilung früherer Zeiten hinaus konstatieren und aus ihm die «tröstliche Gewißheit schöpfen, daß nach und nach eine würdigere Auffassung von der Aufgabe der katholischen Wissenschaft sich durchsetzt, welche nicht den für den besten Katholiken hält, der in einseitiger, schlechthinniger Verdammung der Gegner und in ebenso einseitiger Verhimmelung auch weniger erfreulicher Erscheinungen im Katholizismus seinen Glauben zu zeigen, das Ansehen seiner Kirche in den Augen Außenstehender zu heben glaubt» [13].

Einen verspäteten Nachfolger fand H. Grisar in dem dänischen Konvertiten und Psychiater Paul J. *Reiter*, der unter dem Titel «Martin Luthers Umwelt, Charakter und Psychose» [14] eine zweibändige «Historisch-Psychiatrische Studie» schrieb. Was das darin vorgelegte Material angeht, bringt er gegenüber Grisar nichts Neues — man hat von einem «Grisar redivivus» [15] gesprochen —, nur greift er dessen psychopathologische Sicht als Fachmediziner auf und will eine «Pathographie» Luthers geben. In den Mittelpunkt seiner Betrachtung stellt er des Reformators «großen Anfall von Geisteskrankheit 1527—1528» (II 98) und sieht darin «eine charakteristische agitierte Melancholie». Seine Diagnose lautet auf eine manisch-depressive Psychose (Cydophrenie) endogener Natur (II 551—570) bei Luther.

Dagegen hat Eberhard *Grossmann* [16] darauf hingewiesen, daß zu einer solchen Psychose eine längere seelische Antriebsstörung gehört. Luther habe aber in den Jahren 1527/28 eine so ausgedehnte und fruchtbare Tätigkeit entfaltet, wie sie bei einer organisch bedingten depressiven Psychose nicht möglich sei [17]. «Reiter hat, wie andere vor ihm, bei der Beobachtung der Verstimmung Luthers die Bedeutung der Prüfung des seelischen Antriebs unterschätzt, er hat sich nur auf ein einzelnes Symptom gestützt ... und ist deshalb zu einer falschen Auffassung gekommen» [18]. Für Grossmann selbst erscheint Luther als vorwiegend zyklothyme Persönlichkeit von pyknischer Konstitution und sehr um-

---

[13] *S. Merkle.* Ausgewählte Reden und Aufsätze, S. 211
[14] Kopenhagen 1937—1941
[15] *Joh. Bergolt,* Grisar redivivus: Luthertum 54 (1943) 39—61
[16] Beiträge zur Psychologischen Analyse der Reformatoren Luther und Calvin (Basel-New York 1958)
[17] Ebd. S. 8
[18] Ebd. S. 9

fangreicher zwischen manischen und depressiven Etappen wechselnder Stimmungsskala. Dabei hätten seine Stimmungen den überzeitlichen Inhalt seiner Werke weitgehend unberührt gelassen, und auch in depressiven Phasen sei er ungemein aktiv gewesen.

2. Neues katholisches Lutherbild

Die Hoffnung Merkles auf ein neues katholisches Lutherbild hat sich in dem Werk seines Habilitanten Joseph *Lortz* erfüllt. In seiner «Kirchengeschichte in ideengeschichtlicher Betrachtung» [19] und dem zweibändigen Werk «Die Reformation in Deutschland» [20] hat dieser ein Bild von Luther und der Reformation entworfen, das von Katholiken und Protestanten als eine Wende empfunden wurde. Er hat damit wesentlich zu dem Klimawechsel im Verhältnis der Konfessionen in den letzten Jahrzehnten beigetragen. In unverbrüchlicher dogmatischer Gebundenheit wollte er «die Wahrheit in Liebe sagen».

Die Situation der Kirche stellt sich für Lortz am Vorabend der Reformation in vielfachen Mißständen, in weitgehender theologischer Unklarheit und in religiöser Unkraft dar, so daß nach so vielen verpaßten Gelegenheiten zur Reform die Reformation im Sinne der kirchlichen Revolution historisch unvermeidlich geworden war. Damit besteht eine erhebliche katholische Mitschuld an der aus der Reformation hervorgegangenen Spaltung der Kirche. Martin Luther ist nach ernstem Ringen vor Gott unabsichtlich aus der römischen Kirche herausgewachsen, um seines Glaubens willen hat er sich zu seiner reformatorischen Lehre und zum reformatorischen Handeln genötigt gefühlt. Er wurde zum Reformator im Kampfe mit einer ungenügenden Darstellung des Katholischen. Er «rang in sich selbst einen Katholizismus nieder, der nicht katholisch war» (I 76) und hat «den katholischen Zentralbesitz häretisch entdeckt» (I 434). Vor allen anderen Inhalten, die Luther kennzeichnen, war er ein religiöser Mensch und ein großer Beter (I 383). Er lebte aus der vertrauenden Hingabe an den himmlischen Vater durch den Gekreuzigten. «Die Formalformel lautet auf den ‹Glauben allein›» (I 385). Deshalb kämpfte er gegen die «Werkgerechtigkeit». Seine religiösen Anliegen wurden von den Vertretern der Kirche, Papst und Bischöfen, nicht mit dem nötigen Ernst und der geforderten Verantwortung beantwortet. Diese Feststellungen hindern Lortz nicht, ernste Kritik an Luther

---

[19] 22./23. Aufl. 1964
[20] 1939; 4. Aufl. 1962

zu üben: Luther ist stark vom Erlebnis her bestimmt, dabei ungezügelt, maßlos, germanisch-formlos, ja triebhaft. In seiner Art, sich der Wirklichkeit zu bemächtigen, statt sie nüchtern, demütig anzunehmen, ist er nicht im vollen Sinne Hörer des Wortes Gottes, nicht Vollhörer der Bibel, erst recht nicht Vollhörer der Kirche. Kurz: «Luther ist von der Wurzel her subjektivistisch angelegt» (I 162). Es ist klar, diese Kritik rührt an die Mitte, sie ist schwerer zu erledigen als die Grobheiten Denifles und die kalten Analysen Grisars. Aber es kennzeichnet den Klimawechsel, daß es zu einer umfassenden interkonfessionellen Diskussion kam, in der, bei aller harten Kritik und Ablehnung, nicht mehr geschimpft wurde.

Die These von Lortz: «Luther rang in sich selbst einen Katholizismus nieder, der nicht katholisch war», hat u. a. zu der heute so intensiven Beschäftigung mit dem jungen, dem katholischen Luther beigetragen und die Frage nach dem «reformatorischen Erlebnis» oder dem «Reformatorischen» bei ihm so aktuell gemacht.

Kritik an J. Lortz hat auch der katholische Religionsphilosoph Johannes *Hessen* geübt. In seinem Büchlein «Luther in katholischer Sicht. Grundlegung eines ökumenischen Gesprächs» [21], das neben den ungleich gewichtigeren Werken von Lortz und Herte im Zusammenhang mit der Wandlung des katholischen Lutherbildes genannt zu werden pflegt, hat er Luther als den «homo propheticus» herausgestellt. Als solchem sei für ihn «nicht das logische Denken, sondern das innere Erlebnis, nicht die abstrakte Idee, sondern die persönliche Erfahrung das Entscheidende». Der Vorwurf des Subjektivismus durch Lortz beruhe «zutiefst auf einer Verkennung des prophetischen Geistestyps» [22]. Damit erfülle seine «Deutung des Phänomens Luther ... noch nicht ganz das Ideal eines wahrhaft katholischen Verständnisses des deutschen Reformators» [23]. Nach J. Hessen ist bei Beachtung von dessen besonderer geistiger Struktur «die Verständigung über Luther ... sehr wohl möglich und ist sie der Weg zur Una Sancta» [24]. Dabei geht er aber zu leicht darüber hinweg, daß nach der katholischen Auffassung von der Kirche, der Christ, besonders der «Prophet», zwar vielfach Veranlassung und Verpflichtung zum Protest hat, ja sein Gewissen ihm den kirchlichen Gehorsam in Einzelfällen verbieten kann, die Kirche selbst und ihre Einheit ihm aber unverfügbar vorgegeben sind.

---

[21] Bonn 1947; ²1949
[22] Ebd. S. 24
[23] Ebd. S. 18
[24] Ebd. S. 66

Der evangelische Kirchenhistoriker Erwin Mühlhaupt hat vor einigen Jahren die Bedeutung des Werkes von Joseph Lortz mit der Bemerkung einzuschränken gesucht, es sei nicht repräsentativ für den Katholizismus. Er schreibt: «Wir müssen diesen Unterschied (sc. zwischen Lortz und Przywara), wie mir scheint, dahin erweitern, daß wir vorläufig die katholische Einstellung zur Reformation, die Professor Lortz einnimmt, zwar für erfreulich und wohltuend, aber leider nicht für die maßgebliche katholische Einstellung halten können ... Wir können aber leider beim maßgebenden päpstlichen Katholizismus bis auf den heutigen Tag nichts von diesem Geist verspüren» [25]. Dem konnte man leider nicht voll widersprechen. Zwar ist die «Reformation in Deutschland» von Lortz kirchlicherseits nicht offiziell beanstandet worden, es wurde aber gerade zur Zeit des Erscheinens von Mühlhaupts Aufsatz eine Neuauflage verhindert. Doch inzwischen ist nicht nur die 4. Auflage unverändert erschienen (1962), sondern hat sich auch sonst mit dem Pontifikat Johannes XXIII. im Verlauf des Konzils ein Klimawechsel vollzogen, der sich am «Dekret über den Oekumenismus» ablesen läßt. Hier werden die Katholiken aufgefordert, die Reichtümer Christi und die Werke der Tugenden im Leben der getrennten Brüder anzuerkennen (n. 4), und es wird betont, daß die Kirchenspaltungen «nicht ohne Schuld der Menschen auf beiden Seiten» (n. 3) entstanden sind. Das bedeutet, wie Joseph Lortz es als Ergebnis seiner Untersuchungen über die Ursachen der Reformation festgestellt hat: «die Reformation ist eine katholische Angelegenheit im Sinne katholischer Mitverursachung und also Mitschuld ... Wir müssen unsere Schuld auf uns nehmen» [26] und wir sind aufgerufen, «Luthers Reichtum in die katholische Kirche heimzuholen» [27].

Zu dieser von Lortz heraufgeführten gerechteren Beurteilung Luthers durch die katholische Lutherforschung hat sich ausdrücklich der Präsident des Sekretariats zur Förderung der Einheit der Christen, Kardinal Jan *Willebrands*, bekannt. Als Vertreter des Papstes sagte er dazu in seiner Rede auf der 5. Vollversammlung des Lutherischen Weltbundes im Juli 1970 in Evian am Genfersee u. a. folgendes:

«Im Laufe der Jahrhunderte wurde die Person Martin Luthers katholischerseits nicht immer richtig eingeschätzt und seine Theologie

---

[25] «Lortz, Luther und der Papst»: Materialdienst des konfessionskundlichen Instituts 7 (1956) S. 108 f.
[26] Die Reformation als religiöses Anliegen heute. Vier Vorträge im Dienste der Una Sancta (Trier 1948) S. 104
[27] *Joseph Lortz*, Martin Luther. Grundlage seiner geistigen Struktur: Reformata Reformanda. Festgabe für Hubert Jedin, hrsg. v. E. Iserloh und K. Repgen (Münster 1965) I 216

nicht immer richtig wiedergegeben. Das hat weder der Wahrheit noch der Liebe gedient und somit nicht der Einheit, die wir zwischen Ihnen und der katholischen Kirche zu verwirklichen streben. Doch dürfen wir auf der anderen Seite mit Freude feststellen, daß in den letzten Jahrzehnten bei katholischen Gelehrten ein wissenschaftlich genaueres Verständnis für die Reformation und damit auch für die Gestalt Martin Luthers und seiner Theologie gewachsen ist ... Wer vermöchte heute zu leugnen, daß Martin Luther eine tief religiöse Persönlichkeit war, er in Ehrlichkeit und Hingabe nach der Botschaft des Evangeliums forschte? — Wer vermöchte zu verneinen, daß er, obwohl er die römisch-katholische Kirche und den Apostolischen Stuhl bedrängte, — man darf es der Wahrheit wegen nicht verschweigen — einen bemerkenswerten Besitz des alten katholischen Glaubens beibehalten hat? Ja, hat nicht das II. Vatikanische Konzil selbst Forderungen eingelöst, die unter anderem von Martin Luther ausgesprochen worden sind und durch die nun manche Aspekte des christlichen Glaubens und Lebens besser zum Ausdruck kommen als vorher? Dies trotz aller Unterschiede auszusprechen, ist ein Grund großer Freude und Hoffnung.

Martin Luther hat in einer für die damalige Zeit außergewöhnlichen Weise die Bibel zum Ausgangspunkt der Theologie und des christlichen Lebens gemacht...

Bei Martin Luther kehrt jedoch vor allem *ein* Wort immer wieder: das hohe Wort «Glaube». Luther hat seinen Wert tief erkannt, und viele in Ihren Kirchen, ja darüber hinaus, haben bis heute daraus zu leben gelernt. Wenn auch in diesem Punkte eine gewisse Einseitigkeit vorzuliegen scheint und sie aus der Überbetonung in der Rede Luthers mit Recht geschlußfolgert werden könnte, so haben doch in diesem Punkt gemeinsame Untersuchungen von katholischen und evangelischen Forschern gezeigt, daß das Wort «Glaube» im Sinne Luthers keinesfalls weder die Werke noch die Liebe oder auch die Hoffnung ausschließen will. Man kann mit gutem Recht sagen, daß Luthers Glaubensbegriff, wenn man ihn voll nimmt, doch wohl nichts anderes bedeutet als das, was wir in der katholischen Kirche mit Liebe bezeichnen» [28].

Als Antwort auf diese Rede des Kardinals und auf die Vergebungsbitte Papst Pauls VI. zu Beginn der 2. Session des Zweiten Vatikanischen Konzils beschloß die Vollversammlung an ihrem letzten Sitzungstag am 24. Juli 1970 eine Erklärung, in der es u. a. heißt:

«... Mit besonderer Aufmerksamkeit haben wir seine (d. h. Kardinal

---

[28] epd-Dokumentation Evian 1970. Fünfte Vollversammlung Lutherischer Weltbund (Witten und Berlin 1970) S. 97—99

Willebrands) Äußerungen zur Person und Theologie Martin Luthers gehört. Wir sind uns der Bedeutung dessen bewußt, daß ein so hoher Vertreter der römisch-katholischen Kirche bei einer so denkwürdigen Gelegenheit sich für eine gerechtere Beurteilung des Reformators und der Reformation einsetzte. Wir sind überzeugt, daß eine derartige kirchliche Aufnahme der Ergebnisse moderner katholischer Luther- und Reformationsforschung einen eminent wichtigen Schritt zu einer noch tieferen und weitreichenderen Verständigung zwischen unseren Kirchen darstellt. Es entspricht dem Gebot der Wahrheit und der Liebe, das diese Verständigung bestimmen sollte, daß noch bestehende Unterschiede in der Beurteilung der Reformation und die Spannungen in der kirchlichen Praxis in verschiedenen Teilen der Welt offen ausgesprochen werden. Das ist nicht Verweigerung, sondern Voraussetzung, nicht Abbruch, sondern Fortführung der Verständigung.

Diesem Gebot der Wahrheit und der Liebe entspricht es zugleich, daß auch wir als lutherische Christen und Gemeinden bereit sind, zu sehen, wie das Urteil der Reformatoren über die römisch-katholische Kirche und Theologie ihrer Zeit oft nicht frei war von polemischen Verzerrungen, die zum Teil bis in die Gegenwart nachwirken.

Wir bedauern aufrichtig, daß unsere römisch-katholischen Brüder durch solche polemischen Darstellungen gekränkt und mißverstanden worden sind. Mit Dankbarkeit erinnern wir uns der Erklärung Papst Pauls VI. zu Beginn der zweiten Session des Zweiten Vatikanischen Konzils, in der er seine Bitte um Vergebung aussprach für alle Kränkungen, die durch die Römisch-katholische Kirche geschehen sind. Im Gebet des Herrn bitten wir zusammen mit allen Christen um Vergebung. Laßt uns deshalb darauf bedacht sein, einander aufrichtig und in Liebe zu begegnen» [29].

Für die Lutherforschung der letzten Jahre — die katholische und die evangelische — ist es geradezu bezeichnend, daß die «Fronten» gar nicht mehr mit den Konfessionsgrenzen identisch sind. Sie steht immer mehr im Zeichen des jungen Luther. Die Frage nach dem reformatorischen Umbruch bei ihm, dem Zeitpunkt und dem Inhalt, ist immer noch nicht zur Ruhe gekommen. Sie schließt in sich die Frage nach dem «Neuen» und dem «Katholischen» in Luthers exegetischen Vorlesungen von 1513—1518. Theologiegeschichtlich scheint Übereinkunft dahin erzielt zu sein, daß Luther stark geprägt ist von der nominalistischen Theologie und sich selbst als Ockhamisten bezeichnet, er sich aber gleichzeitig schärfstens gegen diese Theologie wendet, sie als bibelfremd,

---

[29] Vgl. Antwort der Vollversammlung

spitzfindig und pelagianisch ablehnt und sie in Rückbesinnung auf Augustinus zu überwinden sucht [30].

Zu Unrecht hat in evangelischen Kreisen mein Nachweis Unruhe erregt, daß Luther die 95 Ablaßthesen nicht an die Türen der Schloßkirche in Wittenberg angeschlagen, sondern sie am 31. 10. 1517 den beteiligten Bischöfen, seinem Ortsordinarius, dem Bischof von Brandenburg, und dem Ablaßkommissar, Erzbischof Albrecht von Magdeburg-Mainz, zugesandt und sie erst weitergegeben hat, als diese Bischöfe nicht reagierten [31]. Denn wenn die «Szene» nicht stattgefunden hat, wird noch deutlicher, daß Luther nicht in Verwegenheit auf einen Bruch mit der Kirche hingesteuert ist, sondern absichtslos zum Reformator wurde. Allerdings trifft dann die zuständigen Bischöfe noch größere Verantwortung. Denn dann hat Luther den Bischöfen Zeit gelassen, religiös-seelsorglich zu reagieren. Dann kann es ihm ernst gewesen sein mit der Bitte an den Erzbischof, das Ärgernis abzustellen, bevor über ihn und die Kirche große Schmach käme. Weiter bestand eine größere Chance, die Herausforderung Luthers, die zum Bruch mit der Kirche führte, zu ihrer Reform zu wenden.

Nicht das «Reformatorische», d. h. die Rechtfertigung aus dem Glauben, ist demnach kirchentrennend, auch nicht die daraus notwendig entspringende Kritik Luthers an der Kirche seiner Zeit, sondern das Unverständnis und die wenig priesterliche Haltung der damaligen Bischöfe und des Papstes und Luthers eigene Ungeduld, mit anderen Worten: erst die Auseinandersetzungen des Jahres 1518 haben Luther zu seinen Auffassungen über Kirche, Papsttum, Konzil und priesterliches Amt gebracht, zu Auffassungen, die ihn außerhalb der damaligen Kirche stellten und die auch heute noch kirchentrennend sind.

Einverständnis besteht ferner darin, daß Luther vor allem als religiöser Mensch zu sehen ist. Das bedeutet, er denkt bei allem Gott mit, aber wiederum so, daß er ihn im prophetischen Bekenntnis verkündigen muß. Sein gesamtes Werk stellt sich dar als großartige Manifestation eines charismatisch prophetischen Geistes. Als existentieller Denker hat Luther das Personalfordernde der Botschaft Christi besonders deutlich gemacht. Er spekuliert nicht in Distanz über die Wahrheit, sondern ringt als Sucher und Kämpfer um sie und will im lebendigen Vollzug ihrer innewerden. Theologie ist für ihn eine «sapientia experimentalis non doctrinalis» (WA 9, 98), eine Wissenschaft der lebendigen Erfahrung,

---

[30] Vgl. o. S. 38 ff.: Luthers Stellung in der theologischen Tradition.
[31] *E. Iserloh,* Luther zwischen Reform und Reformation. Der Thesenanschlag fand nicht statt (Münster ³1968). S. o. S. 54 ff.

nicht bloßer Lehre. Das Heilsgeschehen des Evangeliums ist für Luther nicht Vergangenheit, sondern lebendige Gegenwart. Die Taten und Worte Christi erfüllen ihren Sinn erst, wenn sie sich am Christen auswirken, in seinem Glauben geistlich gegenwärtig werden. Was nützt es, daß Christus sein Blut vergossen hat zur Vergebung der Sünden, wenn er nicht *für mich* gestorben ist, wenn mir nicht die Sünden vergeben sind. Diese Für-uns-Bedeutung des Todes und der Auferstehung Christi bringt Luther zum Ausdruck, indem er Christus als Sakrament für uns bezeichnet. Das Christusgeschehen findet nicht in sich seinen Abschluß, sondern ist Zeichen, d. h. es weist weiter auf ein Heilsgeschehen in dem davon betroffenen Menschen und wird in ihm lebendige Gegenwart. «Alle Worte, alle Geschichten des Evangeliums», so sagt Luther einmal, «sind Sakramente, d. h. heilige Zeichen, durch die Gott in dem Glauben bewirkt, was diese Geschichten bezeichnen» (WA 9, 440).

Aus dem Bewußtsein der Einheit des Christen mit Christus und der Überzeugung, daß das Christusgeschehen nicht vergangen, sondern uns gleichzeitig ist, kann Luther die Psalmen tropologisch auslegen, d. h., er kann vom Christen verstehen, was dem wörtlichen Sinn nach von Christus gilt. Das macht seine Predigt und seine Schriftauslegung so ungemein lebendig und läßt bis heute evangelische und katholische Christen ergriffen unter seiner Kanzel sitzen, wie ja auch seine Bibelübersetzung und seine Choräle Gemeingut geworden sind. «Luthers Theologie ist im wahrsten Sinn des Wortes Verkündigungstheologie. Was er über Gott und die göttlichen Heilsveranstaltung sagt, ist immer auf die menschliche Existenz vor Gott bezogen» [32].

Es geht um das Evangelium als Botschaft von der Freisprechung, Rettung und Neuschaffung des sündigen Menschen durch Gott in Jesus Christus. Vom Worte Gottes betroffen sein und in seinem Licht die eigene Existenz verstehen, heißt aber für Luther nicht existentiale Interpretation in dem Sinne, daß die Tatsächlichkeit der Heilsereignisse in Frage gestellt oder als unbeträchtlich hingestellt werden soll [33]. Im Wort geschieht für Luther nicht erst das Faktum der Erlösung, sondern das Wort ist wie das Sakrament «vehiculum», Gefährt, Medium, mittels dessen das Heilsereignis bei den Gläubigen ankommt, ihnen mitgeteilt und in ihnen fruchtbar wird. Luther hat selbst zeit seines Lebens die

---

[32] *Th. Sartory*, Martin Luther in katholischer Sicht: Una Sancta 16 (1961) 47

[33] *A. Brandenburg*, Gericht und Evangelium. Zur Worttheologie in Luthers erster Psalmenvorlesung (Paderborn 1960); vgl. dazu *E. Iserloh*, «Existentiale Interpretation» in Luthers erster Psalmenvorlesung: Theol. Revue 59 (1963) 73—84

Grundtatsachen des Glaubens festgehalten. Wie Paulus im ersten Korintherbrief war er der Überzeugung: «ist Christus nicht wirklich auferstanden, so ist eitel unser Glaube». Für Luther kann die Frage, ob und wie das Evangelium dem Menschen in seiner Existenznot heute helfen kann, nicht die erste sein. Nach ihm muß zunächst nach dem Evangelium selbst gefragt werden. Moderner Relativismus und Existentialismus können sich nicht auf den Reformator berufen. Für ihn gibt es Wahrheit und ein für allemal Festgelegtes; allerdings ist dieses Bleibende Leben und macht lebendig und ist nicht etwas Starres. Das Wort Gottes ist schöpferisch und tätig, niemals auszuschöpfen, und der Mensch unter ihm nie ein fertiger. In diesem Festhalten an den Heilstatsachen, an der Gottheit Jesu Christi und seiner Auferstehung, am Sakrament der Taufe und des Abendmahls, steht heute der katholische Christ auf der Seite Luthers gegen viele, die sich auf den Reformator meinen berufen zu dürfen.

Sicher hat der Katholik noch manche Frage an Luther zu stellen. Fragen, die so schwerwiegend sind, daß eine Kirchengemeinschaft noch nicht möglich ist. Sie beziehen sich vor allem auf das Wesen der Kirche und ihre Vollmacht, darauf, ob die Hl. Schrift sich selbst erklärt oder ob das lebendige Lehramt der Kirche mir letzthin verbindlich sagen muß, welche Schriften zum Kanon der Bibel gehören und wie sie zu verstehen sind.

In der theologischen Wertung von Luthers Werk werden die Auffassungen so schnell nicht zur Übereinstimmung zu bringen sein. Was aber die Lutherbiographie und das Verständnis seines Anliegens vor dem Hintergrund des 16. Jahrhunderts angeht, gibt es heute kaum noch tiefgehende Differenzen zwischen der katholischen und evangelischen Forschung. Letztere bedarf kaum mehr der Aufforderung Walther Köhlers von 1922, die damals dazu noch mit dem starken Unterton eines «trotzdem» erhoben wurde: «Wir können nicht nur, nein, wir müssen von der katholischen Lutherforschung lernen. Im Dienste der Wahrheit» [34].

---

[34] *W. Köhler,* Das katholische Lutherbild der Gegenwart, Bern 1922, S. 47

ERSTVERÖFFENTLICHUNG DER HIER IN ÜBERARBEITUNG
ERSCHEINENDEN BEITRÄGE

I. Die Ursachen der Reformation, erschienen unter dem Titel: Wie es zur Reformation kam, in: Lebendiges Zeugnis H. 2/3, Paderborn 1964, 133—152; vgl. K. Algermissen, Konfessionskunde, 8. Auflage, Paderborn 1969, 281—298

II. Luthers Stellung in der theologischen Tradition, in: Wandlungen des Lutherbildes. Studien und Berichte der Kath. Akademie in Bayern Bd. 36. Hrsg. von Karl Forster, Würzburg 1966, 15—47

III. Der junge Luther und der Beginn der Reformation, in: Die Zeichen der Zeit. Evangelische Monatsschrift für Mitarbeiter der Kirche 21 (Berlin 1957) 401—409

IV. Luther und die Mystik, in: Kirche, Mystik, Heiligung und das Natürliche bei Luther. Vorträge des Dritten Internationalen Kongresses für Lutherforschung. Järvenpää, Finnland 11.—16. August 1966. Hrsg. von Ivar Asheim, Göttingen 1967, 60—83

V. Gratia und Donum, Rechtfertigung und Heiligung nach Luthers «Wider den Löwener Theologen Latomus» (1521), in: Studien zur Geschichte und Theologie der Reformation. Festschrift für Ernst Bizer. Hrsg. von Luise Abramowski und J. F. Gerhard Goeters, Neukirchen-Vluyn 1969, 141—156; ebenso in: Catholica 24 (1970) 67—83

VI. Luther in katholischer Sicht gestern und heute, erschienen unter dem Titel: Luther in der neueren katholischen Kirchengeschichtsschreibung, in: Der evangelische Erzieher 18 (1966) 269—277; vgl. Luther in katholischer Sicht heute, in: Concilium 2 (1966) 231—235

INHALT

I. Die Ursachen der Reformation 5

II. Luthers Stellung in der theologischen Tradition . . . 26

III. Der junge Luther und der Beginn der Reformation . . . 42

IV. Luther und die Mystik 60

V. Gratia und Donum, Rechtfertigung und Heiligung nach Luthers «Wider den Löwener Theologen Latomus» (1521) . 86

VI. Luther in katholischer Sicht gestern und heute 104

»DER CHRIST IN DER WELT«
Eine Enzyklopädie

I. Was ist der Mensch?
* 1 Was bist du Mensch? — Christliche Lehre vom Menschen
* 2 Was wissen wir von der Seele?
* 3 Der Mensch — Mann und Frau
* 4 Menschliche Kultur und Tradition
* 5 Gemeinschaftsmächte und Religion
* 6 Strukturelemente der Weltreligionen

II. Die Welt in der wir leben
* 1a/b Kleine Weltallkunde
* 2 Die Erde, unsere Heimat
* 3a/b Die Welt des Stoffes — 1. Teil: Atom — Quantum — Relativität
* 3c/d Die Welt des Stoffes 2. Teil: Raum — Zeit — Masse
* 4 Das Leben, Wesen und Werden
* 5 Das Tier und seine Welt
* 6a Weltgeschichte im Abriß, 1. Teil
* 6b Weltgeschichte im Abriß, 2. Teil

III. Wissen und Glauben
* 1a Was sollen wir wissen?
* 1b Können wir von Gott wissen?
* 2 Das Weltbild im Umbruch der Zeit
* 3 Kleine Wissenschaftslehre
* 4 Einführung in die Philosophie
* 5 Die Philosophie des Altertums
* 6 Die Philosophie des Mittelalters
* 7 Die Philosophie der Neuzeit
* 8 Die Philosophie der Gegenwart
* 9 Glauben, aber warum? (Kleine Apologetik)
* 10 Was sagt uns die Philosophie über Gott?
* 11 Der Gott des Herzens und des Verstandes

IV. Grundbegriffe des Glaubens
   1a Der redende Gott (Die Offenbarung)
* 1b Tradition und Kirche
   2 Der Gott der Weisen und Denker
* 3 Vom Wissen zum Glauben an Jesus Christus
   4 Das Wunder als Problem
* 5 Was ist Religion?
* 6 Was ist katholisch?

V. Die großen Wahrheiten
* 1 Gott allein — Anbetung und Opfer
* 2 Der dreieinige Gott
* 3 Die Welt als Schöpfung Gottes
* 4 Die Welt der Engel
* 5 Unser Widersacher der Teufel
* 6a Die Entwicklung des Menschen 1. Teil: Der Mensch als Organismus (Vererbung und allgemeine Abstammung)
   6b Die Entwicklung des Menschen 2. Teil: Die Entwicklung der Gestalt und des Verhaltens
   7 Das Reich der Sünde
* 8 Das Geheimnis der Menschwerdung
* 9a/b Gemeinschaft mit Gott in Jesu Tod und Auferweckung
* 10 Die Auferstehung des Fleisches
* 11 Die Gemeinschaft der Heiligen
* 12 Ändern sich die Dogmen?
* 13 Auferstehung — Mythos oder Vollendung des Lebens?
* 14 Die Kirche als Eucharistie

VI. Das Buch der Bücher
* 1 Einführung in die Hl. Schrift
   2 Das Land des Heils: Geographie und Archäologie
* 3 Die Bibel im Spiegel der Kritik
   4 Geschichte des Gottesvolkes
* 5a Israels Gebet im Alten Testament
* 5b Die Weisheit Israels
* 6 Die Prophetie der Bibel
• 7 Was nicht im Alten Testament steht (Apokryphen und Manuskripten vom Toten Meer)
* 8a Botschaft und Bergpredigt
* 8a/b Die drei ersten Evangelien
   9 Das Evangelium nach Johannes
* 10 Jesus und seine Zeit
* 11 Die Briefe des Apostels Paulus
   12 Die katholischen Briefe
   13 Die Offenbarung des Johannes
* 14 Was nicht im Evangelium steht (Apokryphen)

VII. Die Zeichen des Heils
* 1 Die Kirche als Sakrament
* 2 Was ist ein Sakrament?
* 3a/b Aus Wasser und Geist (Taufe und Firmung)
* 4 Beichte und Lossprechung
* 5 Der Leib des Herrn
* 6 Priester in Ewigkeit (Das Sakrament der Weihe)
   7 Durch Gott verbunden (Die christliche Ehe)
* 8 Das Sakrament der Kranken und Sterbenden (Letzte Ölung)
* 9 Heilige Zeichen der Kirche

VIII. Das religiös-sittliche Leben
* 1 Teilnahme am Leben Gottes (Die Gnade)
* 2 Die göttlichen Tugenden (Glaube, Hoffnung und Liebe)
* 3 Geistliches Leben im christlichen Altertum
* 4 Geistliches Leben im Mittelalter
* 5a Grundbegriffe der Moral Gewissen und Gewissensbildung
   5b Liebe Dich selbst — Der Mensch als sittliche Aufgabe
* 5c Die sittliche Ordnung des Geschlechtlichen
* 6a Der Weg zu Gott — Christliches Leben, Band 1
* 6b Christliche Ardut heute — Christliches Leben, Band 2

6c Die mystische Erfahrung
* 7 Religiöse Strömungen der Gegenwart
* 8 Was ist ein Heiliger?
* 9a Die Frau, die Christi Mutter war
   1. Teil: Das Zeugnis des Glaubens
* 9b Die Frau, die Christi Mutter war
   2. Teil: Das Zeugnis der Geschichte
* 10 Beten, aber wie?

IX. Die Liturgie der Kirche
* 1 Gottes Geist in der Liturgie
* 2 Mensch und Gottes-Dienst
* 3 Geschichte der hl. Messe
* 4 Die Liturgische Bewegung
* 5 Die Liturgie der Ostkirchen
* 6 Das Kirchenjahr
* 7 Liturgische Gewänder und Geräte

X. Christentum und Gesellschaft
* 1 Menschenwürde und Gesellschaftsdynamik
* 2 Ehe und Elternschaft nach dem Konzil
* 3 Arbeit und Eigentum
  4 Die Wirtschaftsordnung
* 5 Sittlichkeit und Recht
  6 Politische Ethik
* 7 Wege zur Völkergemeinschaft
* 8 Moral der zwischenstaatlichen Beziehungen
* 9a/b Christsein in säkularisierter Welt

XI. Die Geschichte der Kirche
* 1 Revolution des Kreuzes (Das Frühchristentum)
* 2 Die Kirche in der Völkerwanderung
* 3 Die abendländische Kirche des Mittelalters
* 4 Reformation und Gegenreformation
* 5 Die Kirche der Neuzeit
* 6 Die Kirche der Gegenwart

XII. Bau und Gefüge der Kirche
* 1 Das Kirchenrecht
* 2 Der Stellvertreter Christi
* 3 Das Kardinalskollegium
* 4 Die Bischöfe — Nachfolger der Apostel
* 5 Priestertum — Kirchliches Amt zwischen gestern und morgen
* 6 Die religiösen Männerorden
* 7 Die religiösen Frauenorden
* 8 Auch die Laien sind Kirche
  9 Die Kirche in Deutschland
* 10 Die katholischen Organisationen in Deutschland
  11 Die überstaatlichen katholischen Organisationen
* 12 Die Weltmission der Kirche
* 13 Katholische Missionsgeschichte
* 14 Die Einheit der Ökumene

XIII. Christentum und Kultur
* 1 Christentum und Kultur
* 2 Psychiatrie und Religion
  3 Christentum und Erziehung
* 4 Christentum und Technik
* 5 Christentum und soziale Bewegung
* 6 Kirche und Staat
  7 Kirche und Liebestätigkeit
* 8 Fernsehen — Rundfunk — Christentum
* 9 Christentum und Film

XIV. Die christliche Literatur
* 1a/b Geschichte der frühchristlichen griechischen und lateinischen Literatur, Band 1
* 1c/d Geschichte der frühchristlichen griechischen und lateinischen Literatur, Band 2
* 2 Christliche Literatur des Mittelalters
* 3 Christliche Literatur der Neuzeit
* 4 Christliche Literatur der Gegenwart
  5 Das Ende der katholischen Presse

XV. Die christliche Kunst
* 1a/b Gestaltloses Christentum? Perspektiven zum Thema Kirche und Kunst
* 2 Die frühchristliche Kunst
* 3 Christliche Kunst des Mittelalters
* 4 Christliche Kunst der Neuzeit
* 5 Sakralbau heute
* 6 Moderne christliche Malerei
* 7 Moderne christliche Plastik
* 8 Das Kunsthandwerk im Dienste
* 7 Moderne christliche Plastik
* 9 Die religiöse Musik
* 10 Christliches Theater im Mittelalter und Neuzeit

XVI. Juden und nichtkatholische Christen
  1 Wege zur Einheit der Kirche
* 2 Vom Geist der Orthodoxie
* 3 Aspekte des heutigen Protestantismus
  4 Christentum ohne Kirche
* 5 Das Sektenwesen der Gegenwart
  6 Kirche und Judentum
* 7 Das Judentum — Glaube und Schicksal

XVII. Die nichtchristlichen Religionen
* 1 Die Religionen der vorgeschichtlichen und primitiven Völker
* 2 Die Religionen des Alten Orients
* 3 Die Religionen Griechenlands und Roms
* 4 Der Islam
* 5 Der Hinduismus
* 6 Der Buddismus Indiens
* 7 Die Großreligionen des Fernen Ostens (China, Korea, Japan)
* 8 Die Kirche und die nichtchristlichen Religionen

XVIII. Religionsersatz der Gegenwart
* 1 Soziologismus und Existenzialismus als Religionsersatz — Ersatzreligion heute
* 2 Der atheistische Humanismus der Gegenwart
* 3 Gott und die tragische Welt
* 4 Die Menschheit in der Krise

* Bis Juli 1974 erschienen